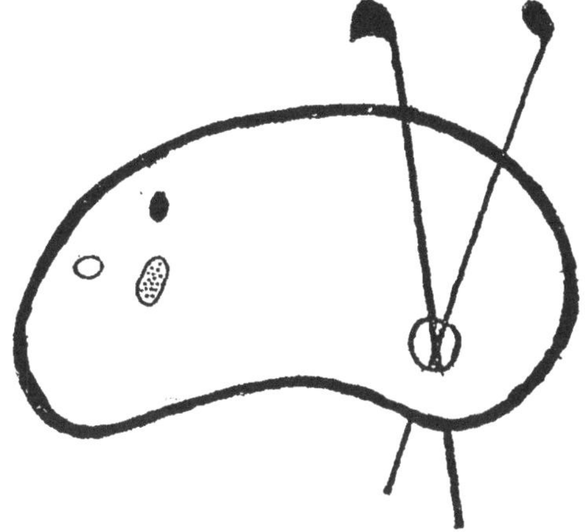

AF473101

BIBLIOTHÈQUE
DE PHILOSOPHIE CONTEMPORAINE

LA FONCTION DE LA MÉMOIRE ET LE SOUVENIR AFFECTIF

PAR

FR. PAULHAN

PARIS
FÉLIX ALCAN, ÉDITEUR
ANCIENNE LIBRAIRIE GERMER BAILLIÈRE ET Cie
108, BOULEVARD SAINT-GERMAIN, 108

1904

BIBLIOTHÈQUE DE PHILOSOPHIE CONTEMPORAINE

Volumes in-16, chaque vol. broché : 2 fr. 50

EXTRAIT DU CATALOGUE

J. Stuart Mill.
Auguste Comte. 6e édit.
L'utilitarisme. 3e édit.
Corresp. avec G. d'Eichthal.

Herbert Spencer.
Classification des sciences.
L'individu contre l'Etat. 6e éd.

Th. Ribot.
La psych. de l'attention. 7e éd.
La philos. de Schopen. 9e éd.
Les mal. de la mém. 16e édit.
Les mal. de la volonté. 19e éd.
Mal. de la personnalité. 10e éd.

Hartmann (E. de).
La religion de l'avenir. 6e éd.
Le Darwinisme. 7e édit.

Schopenhauer.
Essai sur le libre arbitre. 9e éd.
Fond. de la morale. 8e édit.
Pensées et fragments. 18e éd.

L. Liard.
Logiciens angl. contem. 3e éd.
Définitions géomét. 3e éd.

Naville.
Nouv. classif. des scienc. 2e éd.

A. Binet.
La psychol. du raisonn. 3e édit.

Mosso.
La peur. 2e édit.
La fatigue. 4e édit.

G. Tarde.
La criminalité comparée. 5e éd.
Les transform. du droit. 4e éd.
Les lois sociales. 3e éd.

Ch. Richet.
Psychologie générale. 5e éd.

Bos
Psych. de la croyance.

Guyau.
La genèse de l idée de temps.

Tissié.
Les rêves. 2e édit.

J. Lubbock.
Le bonheur de vivre (2 vol.)
L'emploi de la vie. 4e édit.

Queyrat
L'imagination et ses variétés chez l'enfant 3e éd.
L'abstraction dans l'éduc.
Les caractères et l'éducation morale. 2e éd.
La logique chez l'enfant. 2e éd.

Wundt.
Hypnotisme et suggestion.

Fonsegrive.
La causalité efficiente.

Guillaume de Greef.
Les lois sociologiques. 3e édit.

Gustave Le Bon.
Lois psychol. de l'évolution des peuples. 3e édit.
Psychologie des foules. 8e éd.

G. Lefèvre.
Obligat. morale et idéalisme.

Durkheim.
Règles de la méthode sociol. 3e éd.

P.-F. Thomas.
La suggestion et l'éduc. 3e éd.
Morale et éducation.

Mario Pilo.
Psychologie du beau et de l'art.

R. Allier.
Philos. d'Ernest Renan. 2e édit.

Lange.
Les émotions.

E. Boutroux.
Conting. des lois de la nature.

L. Dugas.
Le psittacisme.
La timidité. 3e édition.
Psychologie du rire.
L'absolu.

C. Bouglé.
Les sciences soc. en Allem.

Max Nordau.
Paradoxes psycholog. 5e édit.
Paradoxes sociolog. 4e édit.
Génie et talent. 3e édit.

J.-L. de Lanessan.
Morale des philos. chinois.

G. Richard.
Social. et science sociale. 2e éd.

F. Le Dantec.
Le déterminisme biol. 2e éd.
L'individualité.
Lamarckiens et Darwiniens.

Fiérens-Gevaert.
Essai sur l'art contemp. 2e éd.
La tristesse contemp. 4e éd.
Psychologie d'une ville. 2e éd.
Nouveaux essais sur l'art contemporain.

A. Cresson.
La morale de Kant 2e éd.

J. Novicow.
L'avenir de la race blanche.

G. Milhaud.
La certitude logique. 2e éd.
Le rationnel.

F. Pillon.
Philos. de Ch. Secrétan.

H. Lichtenberger.
Philos. de Nietzsche. 7e édit.
Frag. et aphor. de Nietzsche.

G. Renard.
Le régime socialiste. 4e édit.

Ossip-Lourié.
Pensées de Tolstoï. 2e édit.
Nouvelles pensées de Tolstoï.
La philosophie de Tolstoï.
La philos. sociale dans Ibsen.
Le bonheur et l'intelligence.

M. de Fleury.
L'âme du criminel.

P. Lapie.
La justice par l'État.

G.-L. Duprat.
Les causes sociales de la fol
Le mensonge.

Tanon.
L'évolution du droit.

Bergson.
Le rire. 2e éd.

Brunschvicg.
Introd. à la vie de l'esprit.

Hervé Blondel.
Approximations de la vérit

Mauxion.
L'éducation par l'instructio

Arréat.
Dix ans de philosophie.
Le sentiment relig. en Fran

Fr. Paulhan.
La fonction de la mémoire.
Psychologie de l'invention.
Les phénomènes affectifs. 2e é
Analystes et esprits synthéti

Murisier.
Malad. du sentim. relig. 2e é

Palante.
Précis de sociologie 2e édi

Fournière.
Essai sur l'individualisme.

Grasset.
Limites de la biologie. 2e é

Encausse
Occult. et Spiritual. 2e éd.

A. Landry
La responsabilité pénale. 2e é

Sully Prudhomme et Ch. Richet
Probl. des causes finales. 2e é

E. Goblot
Justice et Liberté.

W. James
La théorie de l'émotion.

J. Philippe.
L'image mentale.

M. Boucher
Sur l'hyperespace, le temp la matière et l'énergie.

Coste.
Dieu et l'âme. 2e édit.

P. Sollier.
Les phénomènes d'autoscopi

Roussel-Despierres
L'idéal esthétique.

J. Bourdeau
Maîtres de la pensée contem

C.-A. Laisant.
L'éducat fondée sur la scienc

Romaine Paterson.
L'éternel conflit.

274-04. — Coulommiers. Imp. PAUL BRODARD. — 3-04.

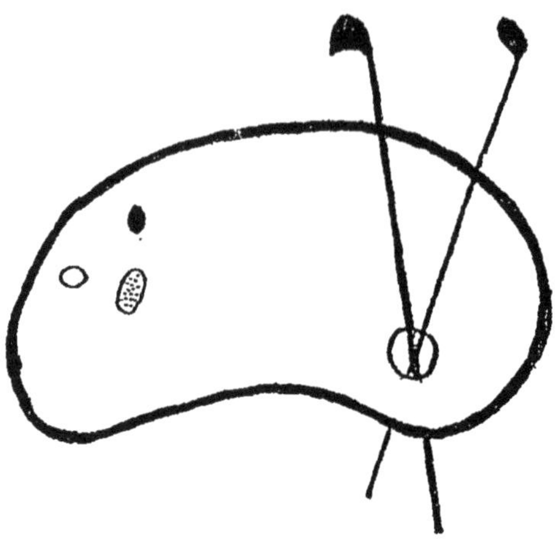

FIN D'UNE SERIE DE DOCUMENTS
EN COULEUR

LA FONCTION DE LA MÉMOIRE

ET LE SOUVENIR AFFECTIF

AUTRES OUVRAGES DE M. FR. PAULHAN

FÉLIX ALCAN, ÉDITEUR

(*Bibliothèque de Philosophie contemporaine*).

L'activité mentale et les éléments de l'esprit. 1 vol. in-8° . . . . 10 fr. »

Les types intellectuels, esprits logiques et esprits faux. 1 vol. in-8°. . . . . 7 fr. 50

Les caractères. 2e édition, augmentée d'une préface nouvelle. 1 vol. in-8°. . . . . 5 fr. »

Psychologie de l'invention. 1 vol. in-16 . . . . 2 fr. 50

Les phénomènes affectifs et les lois de leur apparition. *Essai de psychologie générale.* 2e éd. 1 v. in-16. 2 fr. 50

Joseph de Maistre et sa philosophie. 1 v. in-16. 2 fr. 50

Analystes et esprits synthétiques. 1 v. in-16. 2 fr. 50

La physiologie de l'esprit. 5e *édition, refondue.* 1 vol. in-32 de la *Bibliothèque utile.* Br. : 60 c. ; cart. 1 fr. »

Le nouveau mysticisme. 1 vol. in-16. . . . . 2 fr. 50

LIBRAIRIE O. DOIN

La volonté. 1 vol. in-18 . . . . 4 fr. »

Paris. — L. Maretheux, imprimeur, 1, rue Cassette. — 6313.

LA FONCTION DE LA MÉMOIRE ET LE SOUVENIR AFFECTIF

PAR

FR. PAULHAN

PARIS
FÉLIX ALCAN, ÉDITEUR
ANCIENNE LIBRAIRIE GERMER BAILLIÈRE ET Cie
108, BOULEVARD SAINT-GERMAIN, 108

1904

LA FONCTION DE LA MÉMOIRE

ET LE SOUVENIR AFFECTIF

INTRODUCTION

Les faits psychiques se transforment sans cesse. Nos sensations, nos images, nos idées, nos sentiments ne subsistent pas tels qu'ils ont apparu, ils se modifient à peine nés, les autres états d'âme qui les accompagnent se transforment aussi et ces changements divers dépendent, dans une certaine mesure et à certains égards, les uns des autres.

Tout phénomène mental qui vient à se produire, sensation ou perception, croyance, idée, sentiment, émotion est immédiatement exposé à des forces qui tendent à le réduire, à le déformer, à dissocier ses éléments. Un double travail d'analyse et de synthèse, que j'ai étudié ailleurs, le décompose ou l'agglomère avec d'autres, ou reconstitue avec ses éléments des phénomènes nouveaux. Il est plus ou moins rapidement décomposé, assimilé, digéré par l'esprit, par le jeu des tendances déjà existantes, par l'incalculable quantité de phénomènes psychiques différents avec lesquels il doit entrer en rapport.

Sans doute, il reste quelque chose de lui. Il laisse sa trace dans l'esprit, il lui fournit des éléments d'idées ou d'impressions, il peut devenir lui-même l'élément d'un système supérieur, il influe sur les habitudes, sur le jeu des instincts, sur l'évolution des croyances et des passions, mais il agit généralement en se modifiant, comme l'aliment introduit dans notre système digestif et qui devient, en se transformant, notre propre substance.

Cependant une grande partie du phénomène psychique persiste souvent, et même parfois plus que cela ne serait bon pour le fonctionnement de l'esprit. Sous une forme plus ou moins modifiée, il dure un temps plus ou moins appréciable, et surtout il reparaît, au bout d'un certain temps, après qu'il a disparu. Nos sensations, nos sentiments, nos idées, nos images ne s'anéantissent pas complètement dans le tourbillon psychique. Elles se reconstituent de temps en temps et nous les voyons reparaître sous une forme qui ressemble à leur forme primitive. Elles ont même gardé leur fraîcheur et parfois leur aspect de nouveauté. Les éléments qui paraissaient dissociés pour toujours se sont reconstitués, ceux qui semblaient à jamais disparus se montrent de nouveau.

Ces phénomènes où le fait primitif revient sous une forme trop concrète constituent essentiellement la mémoire. Les faits de mémoire diffèrent précisément en cela des faits d'habitude et d'organisation, qui sont aussi, à certains égards des répétitions, mais des répétitions mieux adaptées, plus systématisées. Dans la mémoire, des éléments inutiles reparaissent et restent associés aux éléments utiles qu'évoque le fonctionnement de l'esprit.

Il ne faut donc pas considérer simplement la mémoire comme un premier degré de l'habitude et de l'organisation ainsi que l'ont généralement fait les psychologues. La mémoire est en opposition avec la systématisation et avec l'habitude. La mémoire est une forme de la vie indépendante des éléments psychiques, elle est un des cas nombreux où cette vie indépendante des éléments entre en lutte avec la vie de l'ensemble, bien qu'elle puisse conduire à une systématisation nouvelle et qu'elle doive être utilisée pour et par cette même vie de l'ensemble à laquelle elle s'oppose.

Telle est au moins la conclusion à laquelle doit conduire, à mon avis, l'étude de la mémoire. Je me propose d'examiner ici, d'abord, le souvenir sous sa forme affective, j'aurai à en examiner la nature et l'utilisation possible, la fonction normale, et avant tout, puisqu'on l'a contestée, à en établir la réalité. Nous aurons l'occasion de voir que ce qui est vrai de la mémoire affective est vrai aussi, au point de vue de la psychologie générale, de la mémoire intellectuelle, plus connue et sur laquelle il est peut-être moins utile d'insister. Nous pourrons ensuite tirer des faits les conséquences générales qu'ils comportent.

CHAPITRE PREMIER

LA MÉMOIRE AFFECTIVE

§ I.

La mémoire affective, comme la mémoire en général, est une réalité d'aspect un peu vague. Son domaine est bien difficile à délimiter exactement. Il n'est pas sans doute inutile de préciser autant que possible la forme sous laquelle nous aurons à la considérer ici.

Je ne m'occuperai pas de toute trace laissée dans l'esprit par un sentiment, par une émotion quelconque, jadis éprouvée par lui. Sans doute on pourrait faire rentrer dans la mémoire affective toute modification laissée dans l'esprit par un phénomène affectif. Mais il faudrait alors distinguer plusieurs sortes de mémoires qui n'ont ni le même sens, ni la même portée. Un sentiment, une émotion peuvent imprimer à l'esprit des modifications qui ne se traduisent pas par des faits affectifs, mais par des phénomènes automatiques, inconscients, ou intellectuels. Ils peuvent aussi reparaître sous une forme plus ou moins semblable à celle du fait primitif dont ils sont une sorte de copie, affaiblie en général, et parfois amplifiée.

De cette renaissance du sentiment, aussi vive que possible et même supérieure en intensité au phénomène primitif, jusqu'à l'idée la plus abstraite de ce sentiment et même jusqu'à la trace la plus insignifiante, parfois méconnaissable, laissée après de longues années par sa première apparition, il n'y a sans doute que des différences de degrés et l'on peut trouver entre les deux extrémités de la série une foule d'intermédiaires.

Dans cette innombrable quantité de faits étroitement reliés les uns aux autres, on peut cependant distinguer plusieurs groupes naturels, assez nettement différenciés par le rôle que tiennent, dans la vie de l'esprit, les phénomènes qui les composent.

Nous écarterons d'abord de notre étude actuelle ceux où la réviviscence même du phénomène primitif ne garde plus qu'une importance secondaire ou presque nulle, ceux qui ont pour principal caractère non point de faire revivre une ancienne émotion, mais de contribuer simplement à la vie, à l'organisation actuelle de l'esprit.

Les faits de ce genre ne sont presque plus des faits de mémoire et peuvent ne plus être considérés comme tels. Nous ne disons pas que nous nous souvenons qu'il faut manger avec sa fourchette et non avec ses doigts, encore qu'il y ait là une réviviscence de traces laissées par de précédentes expériences. Et il est probable, il est même sûr que ces expériences comprenaient au moins quelques faits affectifs. Des reproches, des railleries ont, pendant notre enfance, excité en nous des sentiments de honte ou d'amour-propre froissé, ou le désir d'imiter les grandes personnes, et ces sentiments ont agi sur nos habitudes, de sorte que ce qui revit maintenant en nous, c'est bien, à certains égards, la trace de cette activité affective de jadis. Mais nous n'en avons pas moins oublié les sentiments dont l'influence nous a formés. En bien des cas nous ne pourrions les faire revivre eux-mêmes, avec leur timbre propre, avec la qualité affective qui fut pourtant la cause de leur efficacité.

Dans les cas de ce genre, le phénomène que l'on a étudié sous le nom de mémoire affective et dont l'existence même a été contestée par plusieurs psychologues, ce phénomène a complètement disparu. Cependant toute « mémoire » au sens large du mot n'est pas éteinte, puisque l'on voit subsister encore certains éléments des états primitifs. Mais le caractère d'organisation, de systématisation avancée a remplacé comme trait dominant, le caractère de reproduction. Dans les faits de mémoire, en prenant le mot comme désignant les faits dans lesquels domine le caractère propre de la mémoire, c'est tout le contraire qui se produit et le caractère de reproduction l'emporte de beaucoup sur le caractère de finalité.

Voilà donc tout un groupe de faits qui sortent de la mémoire affective telle que nous l'examinons ici. On conçoit aisément que ce groupe est très nombreux. Les sentiments qui ont eu quelque influence sur la constitution de nos habitudes de penser, de sentir même ou d'agir, et qui ont ensuite disparu, ne peuvent se compter. Nous n'avons guère de manière d'être, semble-t-il, sur la formation de laquelle n'aient influé quelques phénomènes affectifs, disparus une fois leur œuvre faite et n'ayant laissé dans l'esprit d'autre trace que la reproduction virtuelle de quelques éléments primitifs, ou de quelques faits rattachés d'abord à ces éléments qui ne peuvent plus évoquer l'ensemble du phénomène affectif. Cet ensemble ne servirait plus à rien, ou tout au moins il a paru pendant quelque temps ne plus pouvoir servir à rien. Analysé, décomposé, dissous, il n'a plus été rappelé, et, parce qu'aucune association systématique assez forte ne tendait à le maintenir dans la conscience, il a disparu dans l'oubli.

De même ont sombré une immense quantité d'impressions affectives, qui n'ont jamais tenu dans notre vie mentale une place appréciable. Elles l'ont à peine effleurée, pendant un moment. Combien de petites émotions, combien de sentiments légers, de fugitives impressions avons-nous ressentis que nous avons, en apparence au moins, complètement oubliés ! Que reste-t-il dans notre conscience de toutes les petites joies, de tous les petits chagrins que nous donnent chaque jour les événements les plus ordinaires de la vie? Nous n'en reconnaîtrions même pas la plus grande partie si quelque artifice les représentait à notre esprit. La concurrence vitale entre nos sentiments est trop vive pour permettre à beaucoup d'entre eux de subsister. Parfois un hasard heureux, une association fortuite, une répétition régulière sauve l'un d'eux sans que rien ait paru le rendre digne de ce sort. Nous retrouvons ainsi çà et là, dans notre mémoire, des souvenirs lointains d'impressions dont nous n'avons que faire, mais qui ont frappé notre esprit à un moment favorable. Ou bien une heureuse rencontre les unit à quelque souvenir plus vivace qui les a fait durer avec lui comme un animal vigoureux promène et nourrit un parasite sans force. J'évoque ainsi l'impression que me donnait l'odeur fade des fleurs de tilleul tombant dans la cour de la petite école où j'apprenais à lire dans ma première enfance, mais combien d'impressions analogues n'ai-je pas oubliées !

Tandis que les précédentes avaient disparu de la vie mentale pour s'être trop bien organisées, celles-ci disparaissent, semble-t-il, par un défaut d'organisation et parce qu'elles n'ont pu s'organiser. Au fond le mécanisme est le même dans les deux cas. Les éléments qui ne pouvaient être utiles ont été généralement exclus, les autres généralement conservés. C'est pour cela que les impressions où quelques éléments ont pu servir à la vie de l'esprit, ont été partiellement absorbées par cette vie et sont partiellement entrées dans notre organisation mentale, tandis que dans les autres, rien n'a pu s'adapter profondément aux tendances puissantes et servir à leur vie, et elles ont alors disparu, au moins en apparence et d'une manière provisoire, car rien sans doute ne disparaît en entier et pour toujours.

§ II.

Nous écarterons encore certains autres faits où cependant le caractère de souvenir est plus reconnaissable mais où le souvenir est à peu près purement intellectuel et ne ravive pas le côté affectif, émotionnel, du phénomène primitif. « J'ai eu, dit une personne interrogée par M. Ribot, j'ai eu dans ma vie beaucoup de moments de joie — comme tout le monde; je vous dirai franchement que lorsque je me rappelle les incidents de ma vie qui m'ont causé une grande joie, je n'en ressens pas du tout... J'ai essayé de me rappeler l'un des moments de ma vie où j'ai ressenti la joie la plus vive..., je me rappelle bien les incidents..., je peux me rappeler la cause à laquelle, à tort ou à raison, j'ai attribué mon succès; je pourrais répéter presque tout ce que j'ai dit; je me rappellerais plus difficilement la salle et les figures; mais aujourd'hui je ne ressens aucune joie en pensant à tout cela. »

Ici, il se produit bien un fait de mémoire. En un sens le souvenir est « affectif, » en un autre sens il ne l'est pas. Le fait actuel retrace un fait passé et ce fait passé est un fait affectif, mais le fait actuel lui même n'est pas affectif, il n'a pas les caractères de l'émotion, il est — autant qu'on en peut juger — purement intellectuel.

Il ne paraît guère douteux que ce soit là un cas fréquent. M. Ribot conclut, de son enquête sur la mémoire affective, que « les plus nombreux ne se rappellent que les conditions, circonstances et accessoires de l'émotion; ils n'ont qu'une mémoire *intellectuelle*. L'événement passé leur revient avec un certain ton émotionnel (souvent même il est absent), une marque affective vague de ce qui a été, mais qui ne ressuscite plus »[1]. C'est là ce que M. Ribot appelle « la mémoire affective fausse ou abstraite »; et l'on peut discuter sur le terme, mais les faits sont nets et, je crois, très bien établis.

Pourquoi ces faits-là sont-ils passés de l'état affectif à l'état purement intellectuel? M. Ribot paraît rattacher ce changement à la nature, au type psychologique des individus. Ceux qui n'ont qu'une mémoire intellectuelle de leurs émotions sont dans l'ordre affectif « les analogues des visuels et auditifs médiocres dans l'ordre intellectuel ». Ceux qui ont

1. Ribot, *Psychologie des sentiments*, p. 152 (Paris, F. Alcan).

« la mémoire affective vraie », correspondent aux bons visuels et aux bons auditifs. Elle se rencontre dans la plupart des tempéraments émotionnels. Cela est vrai sans doute, mais on pourrait, je pense, ajouter quelque chose à cette explication.

On ne peut toujours, du reste, analyser et distinguer avec précision les raisons qui font passer un souvenir d'un état à l'autre, et qui le ramènent parfois du second au premier. Mais on peut cependant faire quelques remarques, et, en les généralisant, indiquer une ou deux hypothèses.

Nous retrouverions ainsi les deux causes précédemment indiquées : l'excès de systématisation, et, peut-être plus rarement, le défaut de systématisation, sous des formes souvent bien compliquées. Mais revenons aux faits qui font plus spécialement le sujet de cette étude.

§ III.

Ces faits sont ceux où l'on constate la réminiscence, le réveil spontané ou voulu, des faits affectifs en tant que faits affectifs, avec leur caractère, plus ou moins modifié, d'affectivité.

On en a contesté la réalité — et j'avoue que cela me paraît assez singulier, tellement les faits sont nets et frappants. J'examinerai tout à l'heure quelques interprétations. Commençons par voir les faits eux-mêmes. On en trouvera dans le chapitre déjà cité de M. Ribot qui sont, à mon avis, suffisants pour entraîner la conviction. Il serait facile et sans doute inutile d'en augmenter considérablement le nombre. Mais puisque la réalité de la mémoire affective a été très discutée et rejetée par plusieurs psychologues, il n'est peut-être pas hors de propos de montrer quelques-uns des plus saillants et des mieux établis.

On trouve de bons types de mémoire affective chez quelques hommes célèbres. Je prendrai comme exemple Jean-Jacques-Rousseau, Restif de la Bretonne, Taine. Il est à remarquer d'ailleurs que l'intensité, la force, la fidélité de la mémoire affective n'impliquent pas forcément l'existence du « type affectif » si par type affectif on désigne celui que caractérise la prédominance des sentiments sur l'intelligence et sur la raison, et la direction par eux de la conduite et de la vie. Taine peut passer pour être un intellectuel aussi bien qu'un affectif.

M. Pillon dans son intéressante étude sur la mémoire affective [1] cite quelques passages de la *Nouvelle Héloïse* ; les *Confessions* nous en offrent d'aussi caractéristiques, et peut-être plus directement probants. Parlant de la façon dont il les a écrites, Rousseau mentionne la perte de ses papiers, de ses notes, et il ajoute : « Je n'ai qu'un guide fidèle sur lequel je puisse compter, c'est la chaîne des senti-

1. *Revue philosophique*, février 1901.

ments qui ont marqué la succession de mon être et par eux celle des événements qui en ont été la cause ou l'effet. J'oublie aisément mes malheurs, mais je ne puis oublier mes fautes, et j'oublie encore moins mes bons sentiments. Leur souvenir m'est trop cher pour s'effacer jamais de mon cœur. Je puis faire des omissions dans les faits, des transpositions, des erreurs de dates ; mais je ne puis me tromper sur ce que j'ai senti ni sur ce que mes sentiments m'ont fait faire, et voilà de quoi principalement il s'agit[1]. » Que Rousseau se soit fait quelque illusion sur la fidélité et sur la portée de sa mémoire affective cela se peut, mais ne diminue en rien la vraisemblance de sa réalité. Et voici quelques faits à l'appui : Il fut puni, dit-il, injustement et sévèrement dans son enfance : « Je n'avais pas encore assez de raison pour sentir combien les apparences me condamnaient et pour me mettre à la place des autres. Je me tenais à la mienne, et tout ce que je sentais, c'était la rigueur d'un châtiment effroyable pour un crime que je n'avais pas commis. La douleur du corps, quoique vive, n'était pas sensible, je ne sentais que l'indignation, la rage, le désespoir.... Je sens en écrivant ceci que mon pouls s'élève encore, ces moments me seront toujours présents quand je vivrais cent mille ans. Ce premier sentiment de la violence et de l'injustice, est resté si profondément gravé dans mon âme que toute les idées qui s'y rapportent me rendent ma première

1. Rousseau, *Confessions*, partie II, livre VIII.

émotion.... Je me suis souvent mis en nage à poursuivre à la course, ou à coups de pierres un coq, une vache, un chien, un animal que j'en voyais tourmenter un autre, uniquement parce qu'il se sentait le plus fort. Ce mouvement peut m'être naturel, et je crois qu'il l'est, mais le souvenir profond de la première injustice que j'ai soufferte y fut trop longtemps et trop fortement lié pour ne pas l'avoir beaucoup renforcé[1] » — « Dans les situations diverses où je me suis trouvé, quelques-uns (intervalles) ont été marqués par un tel sentiment de bien-être, qu'en les remémorant j'en suis affecté comme si j'y étais encore. Non seulement je me rappelle les temps, les lieux, les personnes, mais tous les objets environnants, la température de l'air, son odeur, sa couleur, une certaine impression locale qui ne s'est fait sentir que là et dont le souvenir vif m'y transporte de nouveau. Par exemple, tout ce qu'on répétait à la maîtrise, tout ce qu'on chantait au chœur, etc... ; ce concours d'objets vivement retracé m'a cent fois charmé dans ma mémoire, autant et plus que dans la réalité. »[2] Ayant eu un jour à se louer de son hôte, il écrit : « Je fus touché de sa bonté, mais moins que je ne l'ai été depuis en y repensant[3]. » (Nous aurons à constater et à tâcher de comprendre d'autres observations de ce genre.) Je rappellerai encore le cri « Ah ! voilà de la pervenche » et les sentiments qu'il

1. Rousseau, *Confessions*, partie I, livre I.
2. *Id.*, partie I, livre III.
3. *Id.*, partie I, livre II.

éveille ou qu'il rappelle[1]; l'accusation de vol portée par Rousseau contre une domestique qu'il fit chasser par un mensonge et l' « impression terrible » qu'il en garda[2]. Je citerai enfin les déclarations suivantes qui confirment ou complètent ce qui précède : « Les doux souvenirs de mes beaux ans, passés avec autant de tranquillité que d'innocence m'ont laissé mille impressions charmantes que j'aime sans cesse à me rappeler. On verra bientôt combien sont différents ceux du reste de ma vie. Les rappeler c'est en renouveler l'amertume. Loin d'aigrir celle de ma situation par ces tristes retours, je les écarte autant qu'il m'est possible, et souvent je réussis au point de ne les pouvoir plus retrouver au besoin. Cette facilité d'oublier les maux est une consolation que le ciel m'a ménagé dans ceux que le sort devait un jour accumuler sur moi. Ma mémoire qui me retrace uniquement les objets agréables, est l'heureux contre-poids de mon imagination effarouchée qui ne me fait prévoir que de cruels avenirs[3] ». Et l'on entrevoit ici un des emplois, une des utilisations de la mémoire affective.

Restif de la Bretonne, « le Rousseau du ruisseau », présente les mêmes phénomènes de mémoire affective. L'intensité des émotions, le bouillonnement d'une sensibilité assez souvent grossière et trouble frappe vivement à la lecture de ses livres autobiographiques. Le souvenir faisait revivre avec vivacité ses

1. Rousseau, *Confessions*, partie I, livre V.
2. *Id.*, partie I, livre II.
3. *Id.*, partie II, livre VII.

impressions. « Ma plus douce occupation, dit-il, était de relire dans mes cahiers ce qui m'était arrivé les années précédentes: cette lecture me rappelait tout ce qui m'avait plu, tout ce que j'avais aimé, surtout Colette..... Les jours où je lui avais parlé me redevenaient présents; je versais des larmes, je lui étais plus fidèle absente que lorsque je pouvais la voir et lui parler tous les jours! Je poussai des cris aux dates de ces entretiens que j'ai rapportés et trop bien gravés dans ma mémoire pour que jamais ils s'en effacent... Mais elle vivait encore; je croyais la revoir un jour, être son frère, mes larmes étaient délicieuses!... Je m'écriais: ô femme divine... etc[1]. » A un moment de sa narration, il s'interrompt pour écrire en note: « Ho! ho! je fonds en larmes en relisant ce trait; le 27 mai 1788, au bout de trente-trois ans! Je fonds en larmes le 12 Auguste 1790! le 12 mai 1791! le 5 décembre 1794, en *casant*! le 12 février 1795 en lisant la tierce[2]! » (Rappelons-nous que Restif était imprimeur). Que la composition même de cette note fasse d'ailleurs ressortir un caractère un peu artificiel, voulu, et tout au moins l'air en quelque sorte cultivé de cette émotion, je n'en disconviendrai pas, mais il ne faut pas oublier l'époque à laquelle écrivait et sentait Restif, et l'affectation de sensibilité qui fut à la mode.

1. Restif de la Bretonne, *Monsieur Nicolas ou le cœur humain dévoilé*. Édition Liseux, t. VII, p. 75.
2. *Id.*, p. 52.

C'est peut-être encore Taine qui nous donne la notation la plus précise et la plus explicite de la mémoire affective la plus fidèle. Son cas qui n'a pas été mentionné, à ce que je crois, dans les travaux récents sur la question, est d'autant plus précieux qu'il vient d'un psychologue de valeur et ami de l'observation exacte, qu'il n'a pas été exposé par lui à propos du sujet même qui nous occupe et pour soutenir une thèse sur ce sujet, et, enfin, qu'il nous montre une certaine indépendance de la mémoire affective par rapport à la mémoire intellectuelle, avec prédominance de la première. Pour ces raisons je le considère comme très important quoiqu'il ait passé inaperçu, sans doute parce qu'il était, précisément, cité dans un ouvrage n'ayant pas trait directement à la mémoire affective. « Pour mon compte, par exemple, écrit Taine, je n'ai qu'à un degré ordinaire celle (la mémoire) des formes, à un degré un peu plus élevé, celle des couleurs.... Même dans les résurrections involontaires qui sont les plus vives, je ne suis qu'à demi lucide; le fragment le plus visible et le plus coloré surgit en moi sans éblouissement ni explosion; comparé à la sensation, c'est un chuchotement où plusieurs paroles manquent à côté d'une voix articulée et vibrante. *La seule chose qui en moi se reproduise intacte et entière, c'est la nuance précise d'émotion, âpre, tendre, étrange, douce ou triste, qui jadis a suivi ou accompagné la sensation extérieure et corporelle; je puis renouveler ainsi mes peines et mes plaisirs les plus compliqués et les plus délicats, avec une exactitude extrême et à de très grandes distances ; à cet égard le chuchotement incomplet et défaillant a presque le même effet que la voix*[1]. »

Voici encore un fait tiré du *Journal des Goncourt :* « Nous avons hâte d'en finir avec les épreuves de GERMINIE LACERTEUX. Revivre ce roman nous met dans un état de nervosité et de tristesse. C'est comme si nous réenterrions cette morte... Oh ! c'est un bien douloureux livre sorti de nos entrailles... Même matériellement, nous ne pouvons plus le corriger, nous ne voyons plus ce que nous avons écrit : les choses du bouquin et leur horreur, nous cachent les fautes et les coquilles[2] ». Ceci pourrait nous amener à rappeler les faits de composition littéraire dans lesquels la mémoire affective intervient. Ils sont nombreux et assez connus. Je n'y insisterai pas.

J'emprunterai enfin à Berlioz quelques lignes de ses *Mémoires*. On connaît la sensibilité frémissante et bouillonnante du célèbre compositeur. Il n'est pas étonnant que ses émotions si intenses aient pu reparaître avec vivacité. C'est un des cas où la mémoire affective se rencontre avec un type émotif bien marqué.

« Je voulais, écrit Berlioz, (singulière soif de douleurs) saluer le théâtre de mes premières agitations passionnées ; je voulus enfin embrasser mon passé tout entier, m'enivrer de souvenirs, quelle que dût

1. Taine, *De l'Intelligence*, 4e édition, p. 78-79 (Paris, Hachette).

2. *Journal des Goncourt*, II, p. 231-232 (Paris, Charpentier).

en être la navrante tristesse. Je sens bondir mes artères à l'idée de raconter cette excursion.

« Je veux le faire cependant, ne fût-ce que pour constater la persistance de certains sentiments anciens, irréconciliables en apparence avec des sentiments nouveaux, et la réalité de leur coexistence dans un cœur qui ne sait rien oublier.

« Cette inexorable action de la mémoire est si puissante chez moi que je ne puis aujourd'hui voir sans peine le portrait de mon fils à l'âge de dix ans. Son aspect me fait souffrir comme si, ayant eu deux fils, il me restait seulement le grand jeune homme, la mort m'ayant enlevé le gracieux enfant.

. . . .

« A la montagne maintenant.

« Trente-trois ans se sont écoulés depuis que je l'ai visitée pour la première fois. Je suis comme un homme mort depuis ce temps et qui ressuscite. Et je retrouve en ressuscitant tous les sentiments de ma vie antérieure, aussi jeunes, aussi brûlants...

« Je monte, je monte, et au fur et à mesure que mon ascension se prolonge, je sens mes palpitations redoubler... J'aspire cet air qu'elle a respiré... Ah !... Un cri, un cri, un cri qu'aucune langue humaine ne saurait traduire est répété par l'écho du Saint-Eynard. Oui, je vois, je renais, j'adore... le passé m'est présent, je suis jeune, j'ai douze ans ! La vie, la beauté, le premier amour, l'infini poème ! je me jette à genoux, et je crie à la vallée, aux morts et au ciel : « Estelle ! Estelle ! » et je saisis la terre dans une étreinte convulsive, je mords la mousse... un accès d'isolement se déclare..., indescriptible... furieux... Saigne mon cœur, saigne, mais laisse-moi la force de souffrir encore[1]. »

Voilà quelques faits. Ils sont plus que suffisants, à mon avis, après tous ceux qu'on a déjà cités, pour constater une fois de plus la réalité de la mémoire affective. Mais il faut examiner leur signification et leur portée. Cela nous donnera l'occasion d'en rappeler ou d'en citer quelques autres.

1. *Mémoires de Hector Berlioz*, II, 322-325 (Paris, Calmann-Lévy).

CHAPITRE II

QU'EST-CE QUE LA MÉMOIRE AFFECTIVE ?

§ I.

On a contesté que les faits allégués pour prouver l'existence d'une mémoire affective eussent le sens qui leur était attribué. Une question a été soulevée à ce propos qui n'a peut-être pas été complètement élucidée et que nous allons examiner un peu en détail.

Qu'il soit possible, en certains cas, d'évoquer par le souvenir les circonstances dans lesquelles nous avons jadis éprouvé de la joie ou de la peine, de la colère ou de l'amour, cela est hors de doute. On ne nie pas que cette résurrection s'accompagne en certains cas d'une émotion, d'un sentiment plus ou moins analogue au sentiment primitif. Mais, dit-on, ce dernier fait n'est pas un souvenir de l'ancienne émotion, une reviviscence du sentiment d'autrefois.

C'est une nouvelle émotion qui naît, c'est un sentiment nouveau qui se produit. Nous sommes émus actuellement. Nos souvenirs se rapportent au passé, les circonstances que nous rappelons sont passées, mais notre émotion n'est point passée, elle est bien présente. Il se produit à propos d'images retraçant des faits d'autrefois une émotion qui, elle, est de maintenant.

A cela les partisans de la mémoire affective répondent en faisant remarquer que tout est, dans l'esprit, actuel et présent, les états intellectuels comme les états affectifs, et que les mêmes remarques s'appliquent aux uns comme aux autres. « Les deux cas sont semblables : pour l'un comme pour l'autre, la représentation selon la loi formulée par Dugald Stewart et Taine, est accompagnée d'une croyance momentanée qui la pose comme réelle... l'idéal de tout souvenir c'est, en gardant sa marque de déjà éprouvé, d'être adéquat, dans la mesure du possible, à l'impression originale. La représentation est une opération intérieure dont la limite extrême est l'hallucination. Pour les deux formes du souvenir intellectuel et affectif, l'idéal est le même ; seulement chacun a son mécanisme propre. [1] »

On a essayé aussi d'établir de nouvelles distinctions. D'après M. Mauxion, il y aurait une vraie mémoire affective et il y en aurait aussi une fausse, dans laquelle « la conformité du sentiment nouveau

1. Th. Ribot, *Psychologie des sentiments* (Paris, F. Alcan).

avec le sentiment primitif a... sa première condition dans la fidélité et dans la force de la représentation reviviscente ». En ce cas « il y a reviviscence de représentation, mais l'émotion ne renaît point. C'est un phénomène *entièrement nouveau* qui apparaît, et qui, semblable ou dissemblable d'ailleurs au sentiment primitif, n'a pas plus sa condition d'existence dans ce sentiment que la tempête d'aujourd'hui dans la tempête du mois passé; la similitude des sentiments, lorsqu'elle se produit, a sa raison suffisante dans la similitude des représentations qui la déterminent. On ne peut dire que l'émotion ait été emmagasinée dans l'organisme à la manière des représentations reviviscentes et de leur rythme particulier qui subsistent dans le cerveau à l'état latent ou à l'état de présuppositions. C'est ce qui nous explique que l'émotion nouvelle puisse avoir dans certains cas signalés par M. Ribot une intensité plus grande que l'émotion primitive, alors que les représentations reviviscentes ne sont jamais qu'une copie plus ou moins effacée des représentations originales[1] ».

Quant à la vraie mémoire affective, M. Mauxion la trouve dans les cas où la reviviscence d'une émotion n'est pas précédée de la reviviscence de certaines images qui l'expliquent, quand une émotion qui renaît ne peut trouver une raison suffisante dans la représentation reviviscente. Le sentiment y est « plus ou moins indépendant de la représentation

1. Mauxion, La vraie mémoire affective, *Revue philosophique*, février 1901.

reviviscente qui, dans certains cas, peut même faire totalement défaut, mais il a sa condition essentielle dans une certaine disposition acquise de l'organisme ».

En somme, dans la fausse mémoire affective, les choses se passeraient à peu près comme dans la renaissance, lorsque les conditions en sont de nouveau réunies, non point dans notre imagination, mais dans la réalité, d'une émotion autrefois éprouvée dans des circonstances analogues. Pour prendre un exemple dans les faits intellectuels, le cas de la fausse mémoire affective serait analogue à la reproduction d'une perception visuelle quand nous nous retrouvons devant un objet déjà vu autrefois. La perception nouvelle n'a pas évidemment pour condition principale l'ancienne perception semblable à elle. Même si je pense que j'ai déjà éprouvé une perception analogue, je ne considère pas ma perception actuelle comme une simple réminiscence de l'autre, je la tiens pour essentiellement actuelle, même avec la marque de souvenir qui l'accompagne. Elle n'est pas tant une ancienne perception reviviscente qu'une nouvelle perception. Il en serait de même pour l'émotion dans le cas de la fausse mémoire affective.

La distinction établie par M. Mauxion répond à une différence réelle. Peut-être n'en a-t-il pas complètement dégagé le sens. Remarquons que même dans le cas de la perception éprouvée de nouveau, le rôle de la mémoire (au sens le plus général du mot)

n'est certainement pas nul. Ce n'est qu'une longue habitude qui me permet d'avoir une perception telle que je l'ai aujourd'hui. Une perception n'est absolument ce qu'elle est que grâce à l'organisation acquise, grâce au concours de toutes les perceptions qui l'ont précédée, aux traces laissées par elles, aux souvenirs qui renaissent plus ou moins nettement. Dans une perception quelconque revivent ainsi partiellement, par des éléments plus ou moins nombreux, plus ou moins conservés, plus ou moins modifiés aussi, une immense quantité de perceptions précédentes, sinon toutes les perceptions qui ont peu à peu formé et transformé nos organes et notre esprit. Ce cas ne ressemble guère à celui des tempêtes successives, où l'influence des premières sur les suivantes ne présente pas du tout les mêmes caractères.

Les choses ne se présentent pas autrement dans le jeu des sentiments que dans le fonctionnement de l'intelligence. Et il faut bien admettre sans doute que les émotions déjà éprouvées ont une influence sur une émotion nouvelle qui se produit dans les mêmes conditions extérieures et à plus forte raison sur une émotion dont les conditions sont simplement évoquées par l'esprit.

Il se peut cependant, dira-t-on, que cette émotion antécédente ne soit pas toujours une condition nécessaire de la production d'une émotion. Nous nous en rendons compte en pensant à l'imagination affective. Si nous pouvons imaginer une émotion, dans une

certaine mesure, sans l'avoir réellement éprouvée, il est permis de se demander, lorsqu'elle se produit après avoir été éprouvée déjà, quelle est la part, dans sa réapparition, de l'émotion antécédente. A cela on peut répondre que même l'imagination affective ne serait qu'une combinaison d'émotions déjà plus ou moins ressenties et que la reviviscence y garde une large place. A plus forte raison, cette place doit-elle être considérable dans la renaissance d'une émotion déjà éprouvée. Il est à remarquer que la même question pourrait se poser au sujet des phénomènes intellectuels.

Il ne me semble donc pas que l'on puisse distinguer absolument, dans le sens indiqué, des cas de mémoire affective vraie et des cas de mémoire affective fausse. Dans tous les cas, la répétition et la reviviscence jouent un rôle. Cependant tous ces faits ne sont pas complètement semblables et la distinction établie par M. Mauxion correspond bien à quelque chose de réel. Si l'on veut séparer logiquement ces différents cas, il faut opposer la mémoire, non pas à la réinvention qui n'en est ici, à un certain point de vue, qu'une forme spéciale, mais à l'organisation qui la dépasse et l'utilise. Et si la réinvention n'est qu'une forme de la reviviscence, ce n'est pas seulement parce que l'émotion semblable, précédemment éprouvée. facilite l'apparition de la seconde. C'est aussi parce que, à part elle, cette seconde émotion n'a pour conditions psychologiques et physiologiques que notre organisation héritée ou acquise qui est elle-même (au point de vue de la répétition) un ensemble, un système d'habitudes, de traces laissées par les expériences précédentes.

§ II.

Nous éclaircirons un peu plus, j'espère, la nature des différents faits, en rapprochant la mémoire affective de la mémoire intellectuelle. Ce qui peut nous faire hésiter à reconnaître un fait de mémoire dans une émotion qui naît en nous, à l'occasion d'un souvenir, c'est que nous pouvons voir dans cette émotion un simple résultat de notre organisation acquise, organisation qui a été la condition de la première émotion et qui produit également la seconde comme elle a produit la première. Mais de même lorsque nous évoquons certaines idées où certaines images, il arrive que d'autres les suivent forcément, logiquement. Est-ce un fait de mémoire ou bien d'imagination et de logique? Le problème est exactement le même que pour les phénomènes affectifs.

Par exemple, si je pense aux trois angles d'un triangle, il peut me venir à l'esprit qu'ils équivalent à deux angles droits. C'est un souvenir, si l'on veut. Mais il se peut que j'aie oublié leur valeur, alors je chercherai, je ferai ou j'imaginerai la figure du triangle, je raisonnerai, et j'arriverai à retrouver la vérité perdue. J'aurai employé l'imagination et le raisonnement, mais la mémoire a cependant gardé quelque importance en tout ceci. Ayant autrefois appris et compris le théorème et sa démonstration, je ne puis guère supposer que je les réinvente absolument. Mais comment séparer ici la part de la mémoire de la part du raisonnement (qui suppose luimême une foule d'habitudes apprises et conservées par la mémoire)? Si l'on y regarde de près, je crois bien que ce que l'on trouve c'est l'opposition de la mémoire et de l'organisation, du fait non digéré par l'esprit et du fait assimilé, ou, si l'on veut employer les expressions de M. Dugas, de la mémoire brute et de la mémoire organisée, ou encore, pour me placer à un point de vue que je préfère, de la vie indépendante des éléments psychiques, que suppose la mémoire au sens strict, et de la systématisation mentale. La part de la mémoire nous paraîtra d'autant plus considérable que celle de la coordination sera moindre. Elle l'emportera, par exemple, chez un ignorant qui se rappellera l'énoncé d'un théorème sans rien savoir de sa démonstration, sans avoir aucune idée de l'ensemble de la science, sans même en comprendre le sens avec précision. Elle sera au contraire très faible chez un savant. Nous n'oserions guère dire qu'un géomètre « se souvient » de la valeur de la somme des trois angles d'un triangle, nous dirons plutôt qu'il la connaît, qu'il la sait. Cette vérité fait partie pour lui d'un système, elle n'existe plus par elle-même, isolément.

Il est toute une classe de phénomènes où le rôle de

la mémoire intellectuelle devient ainsi, au moins en bien des cas, douteux quant à son importance et même assez obscur si on ne l'interprête pas de la façon que je viens d'indiquer. C'est la classe des opinions, des croyances, des convictions. C'est que, ici, comme il arrive souvent pour le phénomène affectif, le phénomène intellectuel est le résultat d'une réaction du moi, il indique par conséquent une organisation assez avancée.

La plupart de nos opinions, tant que nous les considérons comme vraies, notons ce point car il est important et nous aurons à y revenir, ne sont pas considérées par nous comme des souvenirs, si elles sont entièrement unies à notre vie mentale. Je ne dirai pas que « je me souviens » que le soleil éclaire, ou que le feu chauffe, ou que le tout est plus grand que la partie, ou même que Napoléon fut empereur des Français. Cependant il n'y a pas le moindre doute que la mémoire, au sens large, ne trouve une certaine place dans ces croyances. Toutes ces propositions, on me les a apprises, et je les ai répétées, ou je les ai observées moi-même et elles se sont fixées dans mon esprit. Seulement, elles s'y sont très bien fixées, elles s'y sont associées systématiquement avec d'immenses quantités d'idées, d'impressions, d'émotions, d'habitudes de pensée et d'action, en sorte qu'elles font partie intégrante à présent de la trame de ma vie mentale. Et elles n'ont plus cette vie individuelle qui est nécessaire au souvenir, au sens strict du mot, au souvenir mal organisé. Ces propositions ne seraient des « souvenirs » que chez un être en qui elles vivraient d'une manière indépendante, un peu isolées, tantôt aperçues, tantôt négligées.

En sorte que rechercher en pareil cas la part de la mémoire, c'est rechercher la part de la vie individuelle des éléments psychiques et leur degré d'organisation. Entendu autrement, le problème doit paraître oiseux et n'a réellement pas de sens.

En le prenant ainsi, si nous comparons ce qui se passe pour les phénomènes intellectuels et pour les phénomènes affectifs, nous arrivons, il me semble, à constater l'analogie des processus et aussi à comprendre en quoi la « vraie » mémoire affective se distingue de l'autre.

Quand les faits sont bien systématisés, bien digérés par l'esprit, le phénomène affectif et le phénomène intellectuel nous apparaissent comme le résultat de l'action spontanée du moi, comme des éléments essentiels de la vie de l'esprit, comme l'expression de sa nature, sans que nous songions à y voir le réveil d'un phénomène précédent, qui y est cependant aussi. Ce dernier caractère, au contraire, s'impose à notre attention quand le premier fait défaut. Si, pensant à une personne qui m'est chère, j'éprouve un sentiment d'affection, je ne verrai pas là un fait de mémoire, le réveil d'une émotion antérieure, mais seulement la réaction naturelle de mon esprit en présence de l'idée de cette personne. Et au contraire dans le cas de Littré, se sentant ému dans sa vieillesse, au souvenir très lointain de la mort d'une jeune sœur qu'il avait perdue dans son enfance et dont la mort n'excitait plus depuis longtemps aucune émotion en lui, nous voyons plutôt un fait de réveil de sentiment, un fait de mémoire affective, précisément parce que le sentiment éprouvé, disparu depuis longtemps, n'était plus regardé comme faisant partie de l'organisation du moi.

Aussi considérons-nous plutôt comme des souvenirs ceux de nos sentiments que nous n'approuvons plus, qui se sont éteints depuis longtemps et qui ont varié, ceux qui se s'harmonisent pas avec notre moi actuel, mais nous reportent à une époque antérieure, à un état d'âme disparu, ceux, en un mot, qui vivent d'une vie individuelle, et ne sont pas systématisés avec l'ensemble de nos habitudes de penser, de sentir et d'agir. Il arrive assez souvent que je sens se lever tout à coup en moi des impressions se rapportant à mon enfance, à ma première jeunesse, impressions depuis longtemps disparues, qui ne correspondent plus guère à mon moi d'aujourd'hui. Des souvenirs, ou bien la similitude de certaines circonstances extérieures, un village retrouvé après une longue absence, un livre lu jàdis et mis à l'écart ensuite, la ressemblance même très vague d'un paysage, d'une maison, une photographie, mille circonstances diverses éveillent de temps en temps des sentiments, ravivent des émotions qui se rapportent à un moi qui n'est plus le mien. Voilà des cas de mémoire affective vraie. Mais que l'idée d'une personne que je vois chaque jour excite en moi des impressions de sympathie ou d'éloignement, ce n'est plus de la mémoire, c'est de l'organisation mentale, c'est l'expression de ma nature actuelle. La reproduction d'un sentiment habituel s'y retrouve sûrement et elle y est essentielle, mais ce n'est plus de la mémoire au sens précis du mot. Tandis que les impressions d'autrefois ne vivent plus maintenant que d'une manière indépendante, tandis qu'elles ne font plus partie du système de tendances, d'idées, de désirs qui constitue le moi, ces dernières, au contraire, en font partie intégrante.

De même les croyances, les opinions qui nous apparaîtront surtout comme des souvenirs sont celles que nous avons oubliées ou rejetées pendant longtemps. Une de mes opinions d'autrefois me revient à l'esprit. Si je la tiens aujourd'hui pour fausse, je verrai dans cette résurrection un fait de mémoire, si je la tiens encore pour vraie, elle me paraîtra plutôt un acte d'intelligence, d'imagination ou de réflexion. Dans le premier cas le lien avec le moi actuel est relâché ou rompu, dans le second il est conservé et resserré.

Si au lieu de considérer des faits (opinions ou sentiments) qui ont fait jadis partie du moi, peut-être, et ont été peu à peu éliminés de son organisation, nous considérons des faits qui ne sont pas encore organisés, l'impression est la même. S'il me revient à l'esprit une idée que j'ai entendu énoncer il y a quelques jours, mais qui n'est pas entrée dans mon système intellectuel, s'il se réveille en moi une émotion encore fraîche et qui n'est pas encore partie du système de mes sentiments, ce sont des faits de mémoire qui se produisent. Si peu à peu ces deux phénomènes entrent dans mon organisme mental et s'y fixent, ils cesseront d'être des souvenirs, ils apparaîtront simplement comme l'expression de mon intelligence ou de ma sensibilité en action.

§ III.

Mais cela ne se produit pas sans entraîner chez eux certaines modifications. Ils perdent, en s'organisant, certains de leurs éléments non essentiels, ils se régularisent, s'adaptent, ne gardent pas leur individualité première. Et alors ils peuvent, en certains cas, réapparaître comme souvenirs sous leur première forme, dans leur nature primitive, avec les éléments qu'ils ont éliminés peu à peu et qui les mettent, dans une certaine mesure, en dehors du moi actuel. J'ai, par exemple, adopté une opinion sur le transformisme, la théorie transformiste n'est plus un « souvenir », elle fait partie de mon organisation intellectuelle, mais elle peut redevenir un souvenir si je me reporte aux premières notions que j'en ai reçues. Ce n'est pas la théorie elle-même qui constitue un souvenir, c'est l'ensemble formé par cette théorie et les circonstances de ses premières apparitions en moi, le rappel dans mon esprit de la personne qui m'en a parlé, des impressions que j'en ressentis à cette époque, peut-être des lieux où j'en entendis parler et de bien d'autres petits détails. Tous ces éléments divers ne sont pas restés invariablement attachés à l'idée de la théorie, ils ne lui servent à peu près à rien dans son rôle intellectuel, et même ils peuvent la gêner parfois, elle les a perdus peu à peu en entrant dans l'organisation régulière du moi. Mais à de certains moments ils viennent de nouveau s'associer à elle, et alors c'est un souvenir qui se produit et non plus un phénomène aussi bien systématisé ; il reste toujours un peu en dehors de l'organisation actuelle du moi, il est une sorte de survivance. La « mémoire » proprement dite apparaît ainsi comme caractérisant soit la phase qui précède l'organisation, soit un retour à cette phase, et dans les deux cas elle implique une certaine prépondérance de l'activité indépendante des éléments psychiques sur leur activité systématisée. Elle s'oppose donc à l'organisation et se distingue de la répétition partielle et bien harmonisée.

Les choses vont de même quand il s'agit de phénomènes affectifs. Une affection enracinée depuis longtemps, qui domine notre vie mentale actuelle, nous ne dirons pas que nous nous la « rappelons » pas plus que nous ne dirons que nous nous rappelons notre moi. Se rappeler une chose, c'est évidemment, par le sens même des mots, la poser comme étrangère à son moi actuel et la faire comparaître devant lui. Mais les premiers éveils de cette *affection*, les premières émotions qui s'y rapportent avec les images évoquant le temps et les lieux où elles se sont produites, voilà ce qui peut être un objet de souvenir, et c'est en revêtant ainsi sa vieille parure, depuis longtemps quittée, de petits faits particuliers, que le sentiment qui fait actuellement partie de notre organisation mentale peut donner encore lieu à des phénomènes de mémoire affective. Le cas est exactement le même, on le voit, que pour la mémoire intellectuelle.

§ IV.

Si la répétition et l'organisation progressive enlèvent ainsi au sentiment ou à la croyance reproduite son caractère de souvenir, c'est que les phénomènes secondaires, parasites, qu'elles font disparaître sont précisément ceux qui constituaient une marque du passé. Ce sont ceux qui situaient la croyance ou le sentiment dans un temps écoulé en la faisant rapporter à un autre moi que le moi actuel. L'émotion, la croyance, étaient, avec eux, à la fois affirmées et niées comme actuelles : affirmées puisque tout état paraît et qu'il est, en fait, pris en lui-même, actuel; niées parce que certains éléments de ces états s'associaient forcément à l'idée, à l'impression d'un temps écoulé, d'une époque antécédente et plus ou moins précisée, et qu'ils se trouvaient en contradiction avec les états actuels. Cette contradiction, ce manque de systématisation est une condition essentielle de la mémoire au sens rigoureux du mot, et l'étude de la mémoire affective nous permet ainsi de reconnaître le mécanisme général de la mémoire.

Il est naturel que l'on ait exagéré les différences entre la mémoire affective et la mémoire intellectuelle. Bien que le procédé de ces deux mémoires soit, au fond, le même, les conditions concrètes de leur fonctionnement ne se ressemblent pas toujours. Si l'on compare, par exemple, la mémoire d'une perception avec celle d'une émotion, les différences frappent vivement et l'on comprend qu'elles aient pu voiler la ressemblance fondamentale des phénomènes. Elles sont aisées d'ailleurs à interpréter par ce qui précède. Une perception remémorée prend beaucoup plus aisément qu'une émotion la marque du passé en ce qu'elle est beaucoup plus vivement et plus directement niée, en général, en tant que perception, par les perceptions actuelles, que l'émotion n'est niée, en tant qu'émotion actuelle par notre état affectif du moment. La perception passée renaît à l'état d'image. Et, tandis que les différences entre l'image et la perception actuelle sont généralement telles que l'image est niée comme perception actuelle et rejetée dans le passé, nous ne trouvons pas normalement et aussi fréquemment le même rapport entre l'émotion reviviscente et l'émotion actuelle. La différence d'intensité est bien moindre et ne saurait en bien des cas suffire à la réduction, elle ne correspond pas à la différence entre la perception et l'image. De plus, il n'y a souvent pas de contradiction pour nous à accepter à la fois comme actuel le sentiment-souvenir et les autres, au lieu que nous ne pouvons accepter à la fois comme perceptions actuelles l'image du souvenir et les perceptions du moment. Sans doute cette contradiction ne suffit pas à faire considérer l'image comme un souvenir, elle pourrait être acceptée comme image actuelle inventée, mais elle constitue au moins une condition favorable à la localisation dans le passé. Au reste, qu'il n'y ait entre les deux cas que des différences de degré, et que le phénomène soit au fond le même, c'est ce que prouvent d'une part les hallucinations où une image reviviscente est considérée comme perception actuelle, de l'autre les cas où un sentiment est nettement contrarié par les sentiments actuels qui le font rejeter dans le passé, — j'ai voulu indiquer simplement une raison que peut faire mal interpréter les rapports des souvenirs affectifs avec certains souvenirs intellectuels. La comparaison entre les sentiments d'une part et, d'autre part, les croyances peut se poursuivre avec bien plus de régularité.

§ V.

Enfin, il faut dire quelques mots d'un cas théoriquement possible de fausse mémoire affective, dans lequel il n'y aurait réellement pas de mémoire, pas de reproduction d'un phénomène antécédent. Nous comprendrons plus aisément le fait dont il s'agit en le prenant d'abord sous sa forme *sociologique*. Il peut arriver fort bien que la même invention soit faite à des époques différentes, par plusieurs cerveaux différents sans que l'un soit influencé par l'autre. Un enfant intelligent peut, d'après ses propres observations, retrouver certaines vérités géométriques ou arithmétiques, même assez compliquées peut-être, sans qu'on les lui ait apprises. Les usages semblables, les mœurs semblables, les légendes, les mythes et les fables que l'on découvre chez des peuples différents ont-ils été toujours apportés de l'un chez l'autre ou bien sont-ils nés, ici et là, d'une manière indépendante? La question est souvent difficile à résoudre et si les cas de transmission et d'imitation sont très nombreux, il n'est guère croyable que des faits de réinvention ne se produisent jamais. (Ils supposent d'ailleurs, eux aussi, bien des influences subies.)

Or, si nous transposons cette question dans le domaine de la psychologie, elle se pose ainsi : deux phénomènes semblables, deux idées ou deux sentiments analogues ou identiques ne peuvent-ils pas se produire dans un même esprit sans que l'un soit la reproduction de l'autre, sans que la production du second soit forcément et toujours influencée par celle du premier? N'est-il pas possible que, dans le cerveau, des groupes de cellules différents, des associations diverses d'éléments nerveux correspondent, sous l'influence de conditions analogues, à des idées ou à des sentiments semblables d'une manière indépendante? Nous ne sommes pas bien sûrs que, seules, certaines cellules soient susceptibles d'avoir leur activité accompagnée de telle ou telle idée, ou de telle ou telle émotion, soient capables d'être en association avec les éléments physiologiques dont l'intervention est nécessaire. Nous ne pénétrons pas assez intimement dans les phénomènes pour affirmer que l'indépendance réelle de phénomènes consécutifs semblables ne puisse se produire quelquefois.

A un point de vue abstrait ce cas de fausse mémoire, de mémoire simulée par une réinvention n'est sans doute pas impossible. Nous ne pouvons guère, il me semble, supposer qu'il soit très commun à cause de l'étroite solidarité qui unit les éléments psychiques et physiologiques, et qui est plus serrée que celle qui unit les hommes dans une société et surtout que celle qui unit les individus appartenant à des sociétés différentes. Au reste, même en supposant en quelques cas une certaine indépendance du phénomène nouveau par rapport au phénomène semblable qui l'a précédé, le rapport obligé de ce phénomène avec le moi, les tendances, un grand nombre d'idées et de désirs qui ont été en rapport avec le premier, tend à faire valoir bientôt l'influence de celui-ci, si elle n'a pas été immédiate et primitive, et donne encore un rôle considérable à la reviviscence dans l'ensemble du phénomène tel qu'il apparaît, tel qu'il peut être connu, tel en somme qu'il parvient à l'existence. Comme d'ailleurs il est impossible de distinguer ici avec quelque précision la part de la mémoire et la part de la réaction spontanée, et que celle-ci même implique encore la conservation et la reproduction de traces laissées par les phénomènes précédents, je pense qu'il serait oiseux de s'arrêter plus longtemps sur cette hypothèse.

§ VI.

Voici, en somme, comment on peut, à mon avis, comprendre, en synthétisant ce qui précède, l'ensemble du mécanisme des phénomènes, et comment on doit rattacher les uns aux autres, tout en les distinguant, les faits de mémoire, intellectuelle ou affective. Quand un fait intellectuel ou affectif, une idée ou une émotion s'éveille dans l'esprit et reproduit plus ou moins fidèlement un fait antérieur, il y a une part du phénomène qui est habituelle, bien organisée, bien systématisée, une autre part garde la marque du passé, de l'état primitif dont le fait actuel est la reproduction, enfin une troisième est nouvelle en tant que le phénomène actuel diffère de tous ceux qui l'ont précédé au moins par de petits détails, par le moment où il se produit et qui est toujours représenté plus ou moins visiblement, par la combinaison singulière qu'il forme avec les autres tendances actuellement en éveil, etc. La première de ces parts est celle de l'instinct, de l'organisation acquise, de la routine, la seconde celle de l'imitation ou de la mémoire, la troisième celle de l'invention. Ce sont elles que j'ai indiquées ailleurs en étudiant l'invention. Si l'on joint à la mémoire, à l'imitation de soi, l'imitation d'autrui qui s'y lie étroitement, selon l'importance relative de chacun de ces éléments, le phénomène, dans son ensemble, nous apparaîtra comme un fait spontané, une réaction systématisée de la personnalité, comme un acte de mémoire, comme une invention. Et comme ces éléments sont d'importance très variable et peuvent se combiner en diverses proportions, il y aura des faits qui nous paraîtront rentrer très nettement dans une classe déterminée, tandis que d'autres ne paraîtront rentrer complètement dans aucune, ou se rattacheront plus volontiers à plusieurs. Je pense à une personne que je connais bien et j'éprouve en pensant à elle une émotion de sympathie ou d'antipathie : si ma représentation est surtout générale et abstraite, et mon émotion aussi, si ni l'une ni l'autre ne se rapportent à un fait déterminé, à un ensemble de détails précis, il y a un fait d'organisation, plutôt que de mémoire ou d'invention, — on ne se « souvient » pas qu'on aime ses parents, par exemple. Si ma représentation et mon émotion sont moins organisées avec l'ensemble des tendances, si je me rappelle certains faits spéciaux, certaines circonstances particulières et si mon émotion prend, à cause de cela, une teinte plus spéciale d'attendrissement, par exemple, ou de pitié ou d'admiration, ou de jalousie, si l'une et l'autre sont aussi localisées dans le passé, et à certains égards, rejetées du présent, c'est un fait de mémoire. Enfin, si mon image, ma représentation et mon émotion ne reproduisent pas complètement une réalité passée, si je combine mes souvenirs intellectuels et affectifs pour en former un tout nouveau, un système d'images et une émotion correspondante, qui, quoique dérivant d'une tendance organisée, en fait une manifestation bien spécialisée, et qui, quoique représentant à certains égards des impressions et des perceptions passées, les transforme et les combine en un fait nouveau, il se produit surtout un fait d'imagination créatrice, d'invention. Des trois éléments aucun n'est jamais absent complètement, mais l'un d'entre eux peut prendre, plus ou moins nettement, la prépondérance, et cette prépondérance nous fournit un moyen de séparer dans la mesure du possible, autrement que M. Ribot et que M. Mauxion, la vraie mémoire affective des faits qui lui ressemblent ; dans lesquels mêmes elle intervient plus ou moins, mais qui doivent en être distingués.

§ VII.

La façon dont le fait s'altère à mesure qu'il persiste ou qu'il renaît, les modifications que lui imposent continuellement les nécessités de son adaptation à la vie de l'esprit nous montrent encore la lutte du souvenir et de l'organisation, et confirment, semble-t-il, ce que je viens d'en dire. Nous aurons à parler, tout à l'heure, d'une singulière altération du souvenir affectif, qui pourra donner lieu à des considérations différentes, quoique convergentes, je ne veux maintenant qu'indiquer quelques aspects généraux de l'enchaînement des phénomènes.

La lutte de l'organisation contre la mémoire, c'est-à-dire de la systématisation acquise contre la persistance de l'état nouveau, nous pouvons la constater dès la naissance de cet état. On sait assez par une continuelle expérience, qu'un état d'esprit ne dure pas sans se transformer. Les phénomènes qui apparaissent continuellement, disparaissent continuellement aussi ou tout au moins se tranforment. Ce que je vois, ce que j'entends, ce que je sens, ce que je pense à la seconde actuelle, je ne le verrai plus, je ne l'entendrai plus, je ne le sentirai plus et je ne le penserai plus à la seconde suivante, ou tout au moins, ce ne sera plus de la même façon. Je veux dire que la perception sera transformée en une image plus ou moins infidèle, que la pensée aura quelque peu varié dans ses éléments, se sera développée d'un côté, restreinte de l'autre, que le sentiment aura fait place à un autre, différent, opposé, ou aura pris une teinte nouvelle, se sera concentré ou aura terni, sera nuancé d'espoir ou de crainte, de jalousie ou de confiance, tandis qu'auront disparu ou décru certains de ses éléments, des impressions de fraîcheur ou de nouveauté, de surprise ou de désespoir. Et si quelque chose sans doute subsiste toujours d'un état d'âme éprouvé, quelque chose aussi en disparaît continuellement. L'oubli n'est pas moins normal ni moins fréquent que la conservation et la persistance. Et même, comme on l'a fait remarquer[1], c'est cet oubli qui rend la mémoire possible.

Comment cet oubli se produit-il, et pourquoi ? Assurément, nous ne pouvons en suivre toujours les causes dans leurs plus intimes détails ; et quelques cas peuvent demeurer particulièrement obscurs. Mais s'il ne s'agit que de considérer l'aspect général du phénomène, on peut dire que c'est à la lutte du fait nouveau contre les tendances acquises, contre l'organisation formée que l'oubli est dû.

Il est d'expérience courante et constante que nous oublions ce qui ne nous intéresse pas, que nous ne remarquons pas ce qui ne s'accorde pas avec nos idées ou avec nos désirs. Ce qui n'est pas favorisé par l'organisation n'arrive ni à se maintenir dans l'esprit, ni même toujours à se constituer d'une manière apparente. Il est inutile d'insister sur ce fait trop évident. Il ressort, au reste, non seulement de l'observation de chaque jour, mais aussi des expériences entreprises pour l'étude de certains détails psychiques. C'est ce qu'indiquent par exemple les conclusions de MM. A. Binet et V. Henri dans leur étude sur la mémoire des phrases. La mémoire des

1. Ribot, *Maladies de la Mémoire* (Paris, F. Alcan).

phrases, est « dans certaines conditions que nous avons fixées, vingt-cinq fois supérieure à la mémoire des mots isolés... les pertes de mémoire portent sur les parties accessoires du récit, et non sur les parties essentielles qui se trouvent ainsi comme disséquées ; par parties essentielles, il faut entendre celles qui ont une importance psychologique et aussi celles qui ont une importance logique... Les enfants ont une tendance à simplifier la syntaxe et à remplacer les mots dictés par des synonymes du langage familier... les enfants, en reproduisant de mémoire des phrases un peu longues, ont une tendance fréquente à altérer d'une manière très légère le sens des phrases ; cette altération est de deux genres différents : *intellectuelle* et *émotionnelle*[1] ». C'est encore en ce sens qu'il faut comprendre les différents types de mémoire. M. Toulouse par exemple, expérimentant sur Zola, trouve que le célèbre romancier reproduit très mal des figures géométriques après les avoir regardées. Il conclut que « ces faits montrent surtout que M. Zola n'a pas d'éducation géométrique, car une personne familiarisée avec les mathématiques aurait décomposé les dessins en leurs éléments (un rectangle et deux losanges) et leur mode d'assemblage[2]. »

Ainsi, constamment, les états d'esprit se déforment et disparaissent parfois sans laisser de trace appré-

1. A. Binet et V. Henri. La mémoire des phrases. *Année psychologique*, t. I, p. 58-59 (Paris, Schleicher).
2. Cité dans J. Van Biervliet : La *Mémoire* (Paris, O. Doin).

ciable. L'organisation acquise a empêché la mémoire de fixation. Elle empêche de même continuellement la mémoire de reproduction. Une énorme quantité de souvenirs fixés dans notre esprit, ne se montrent point parce que les conditions de la vie mentale les en empêchent, parce que le jeu des tendances et des idées organisées ne leur laisse point de place ou les refoule sans cesse si quelque occasion vient se présenter pour eux de revenir un jour. Nous savons bien que les souvenirs qui nous reviennent à l'esprit sont généralement ceux que réclament les circonstances, ceux qui favorisent le fonctionnement des tendances en activité. Par conséquent, il existe en nous, à l'état latent ou virtuel, des milliers d'images, de souvenirs qui, à chaque instant, sont empêchés d'apparaître parce que l'organisation de l'esprit les arrête. Et tout ceci, d'ailleurs, n'est qu'une partie des phénomènes que j'ai étudiés ailleurs comme incarnant une grande loi d'inhibition systématique[1].

§ VIII.

L'opposition de l'organisation et de la mémoire est encore visible, si nous regardons non point les souvenirs qui sont arrêtés, mais ceux qui arrivent à l'existence. Une image ne rend pas toute la percep-

1. Voir L'*Activité mentale* (Paris, F. Alcan).

tion qu'elle représente, nos souvenirs, nos impressions vont se transformant. Je parle au moins de la grande majorité des cas et non de quelques exceptions, plus apparentes que réelles sans doute et qu'il ne serait pas impossible, à mon avis de faire rentrer dans la règle générale.

Ici nous retrouvons le double travail de l'analyse et de la synthèse[1]. Nos perceptions, nos idées, nos sentiments sont continuellement décomposés, réduits en des éléments que s'approprieront d'autres sentiments et d'autres idées, et d'autre part ils sont, parfois aussi, pris à peu près tels qu'ils sont pour entrer dans des systèmes psychiques supérieurs. L'organisation mentale s'oppose nettement à la survivance et au retour des phénomènes tels qu'ils se sont produits, survivance et retour qui constituent essentiellement la mémoire.

Cela se constate continuellement dans la conservation des perceptions et des idées. De la perception à l'image, de l'image à l'idée, le phénomène va s'épurant et s'appauvrissant. Déjà la perception est un choix dans la réalité, et l'on peut dire que l'image constitue un choix dans la perception, et l'idée (pour ne la prendre ici que dans cette forme, et par ce côté) un choix dans l'image. De l'une à l'autre, bien des éléments disparaissent et quand le fonctionnement de l'esprit est bon et sain, ce sont les plus essentiels qui sont conservés, c'est-à-dire ceux dont

1. Voir : *Analystes et Esprits synthétiques* (Paris, F. Alcan).

nous avons le plus besoin, ceux qui sont le mieux adaptés à nos désirs, à nos idées. Et c'est par des procédés analogues de suppression et d'association, d'analyse et de synthèse que se forment nos idées abstraites et nos conceptions d'ensemble ; la mémoire est sans cesse combattue par l'organisation acquise déjà, comme par l'organisation nouvelle qui résulte des nouvelles combinaisons et ne laisse vivre que ce qui sert à la conserver, à l'entretenir ou à la développer.

Il en est de même de la conservation de nos émotions et de nos sentiments. Sans cesse, la réalité première va s'affaiblissant, se transformant, et parfois, comme nous le verrons tout à l'heure, se développant par le travail de l'organisation mentale. L'analyse et la synthèse s'opposent à la conservation des phénomènes tels qu'ils se sont produits. Continuellement, des émotions plus ou moins vives pâlissent et s'effacent devant le jeu organisé des tendances que mettent en activité les nécessités de la vie. Nous éprouvons beaucoup de petites émotions que nous oublions ensuite, parce que nous n'avons pas besoin de nous en souvenir, parce qu'elles ne tiennent pas une place suffisante dans notre vie.

Et de même que les idées, les sentiments qui persistent s'atténuent, se développent, se transforment. Un amour qui dure longtemps ne s'éternise qu'en se renouvelant, l'amitié remplace la fièvre, ou la passion la sympathie, la jalousie y succède à la sérénité ou la patience à la jalousie. Le sentiment de protection s'y affirme de plus en plus ou c'est peut-être celui de l'indépendance réciproque. Ainsi tout change et se transforme selon que les circonstances l'exigent ou le déterminent, et la survivance des émotions, des faits affectifs en général tels qu'ils ont une fois apparu dans la conscience est constamment contrariée par l'organisation acquise ou par l'organisation qui se fait. Le fait seul qu'il faut entrer en lutte avec elle est déjà une cause à peu près inévitable et presque continuelle de changement.

§ IX.

Cependant, toute image, toute idée, toute perception même par cela seul qu'elle est un système tend à vivre, à se maintenir. Et sans doute elle tend à se développer, à s'associer à d'autres, à s'annexer les éléments qui peuvent lui être utiles, mais elle tend aussi à se conserver telle quelle, parce que tout développement, toute transformation quelconque, même si elle augmente en somme son harmonie, commence toujours par la déranger sur quelques points. Il en est des états psychologiques comme des états sociaux. On sait assez qu'un progrès coûte toujours quelques sacrifices. On ne construit pas des chemins de fer sans nuire aux voituriers, et un grand magasin ne prospère pas sans en écraser quelques petits. De même un phénomène psychologique ne se développe pas sans quelques sacrifices.

Une idée qui devient plus riche et plus cohérente doit sacrifier quelques-uns de ses éléments primitifs. De là des résistances, parfois difficiles à réduire.

Aussi voit-on des faits psychologiques ne subir qu'un minimum de transformation, ou, après s'être modifiés, se reconstituer parfois à peu près tels qu'ils étaient d'abord. Leurs éléments rompent les habitudes que leur a imposées la vie psychologique, ou bien ils ont su se soustraire à ces habitudes, repousser le joug nouveau, et on les voit revivre, reparaître de temps en temps sous leur forme primitive.

Ceci ne se fait pas sans que des causes spéciales favorisent cette reproduction. Parfois cette cause n'est pas appréciable. Parfois aussi on entrevoit l'ensemble des conditions qui permettent cette survivance ou ce retour du passé. Elles agissent, soit en fortifiant directement le fait passé, soit en affaiblissant la coordination présente, soit par les deux moyens à la fois. Un verre de vin, l'excitation d'un bon repas, l'émotion, la secousse produite par une catastrophe, l'affaiblissement mental de la démence sénile, agissent ainsi. Et encore le rappel d'une circonstance passée, le retour en un lieu où notre enfance s'est écoulée et que nous avons depuis longtemps abandonné, la vue d'un objet qui s'est associé au fait ancien. Tout cela est assez connu.

Et tout cela montre la lutte du phénomène psychique, idée, sensation, image, sentiment contre l'ensemble dont il fait partie. Les phénomènes de mémoire ne sont pas autre chose que le triomphe, généralement passager et incomplet, du phénomène psychique, ils marquent l'instant où il montre son indépendance relative, gardée ou recouvrée. Cela deviendra plus clair sans doute à mesure que nous avancerons dans notre étude et nous aurons à revenir sur le sens général du souvenir, mais cela ressort déjà de ce que nous venons de voir. Le propre du souvenir, c'est qu'il a résisté, c'est qu'il résiste encore aux forces dissolvantes qui agissent sur lui pour l'organiser, pour l'assimiler, pour le décomposer en des éléments dont nos croyances, nos idées, nos sentiments profiteraient.

Quand l'assimilation est terminée, en effet, il n'y a plus de « souvenir », il n'y a plus que de l'organisation. Je ne me « souviens » pas que pour écrire il faut mettre les doigts d'une certaine façon sur mon porte-plume, mon affection pour telle ou telle personne n'est pas non plus un souvenir. Tout cela peu redevenir un souvenir, plus tard, si l'esprit se désorganise d'une manière ou de l'autre, si la notion de position des doigts ne peut plus entrer dans le système dont elle fait actuellement partie, si l'idée nous en revient sans que nous puissions instinctivement ou volontairement l'utiliser ou bien si l'affection disparaît, si le sentiment n'est plus accepté par l'esprit, s'il n'existe plus que de temps en temps, à l'état d'impression passagère, sans influence marquée sur la conduite, sans association systématique avec les nouveaux sentiments dominants.

Sans doute, et nous aurons aussi l'occasion de

revenir sur ce point, le souvenir ainsi compris n'est pas inutile à la vie de l'esprit. Les tendances organisées qu'il combat, contre lesquelles il lutte et dont il profite tout de même dans une certaine mesure, profitent aussi de lui. Elles savent utiliser même ce qu'il a d'hostile pour elles. Un parti politique dans l'opposition bénéficie cependant dans une certaine mesure de la vie sociale qu'entretient le parti qui tient le pouvoir et celui-ci à son tour peut profiter des idées nouvelles, des aspirations qu'entretiennent et que défendent ses adversaires. Le fait essentiel n'en est pas moins la lutte du fait qui tend à se conserver et de l'organisme mental qui tend à le réduire et à se l'assimiler.

Et selon le résultat de la lutte, c'est le caractère du souvenir ou celui de l'organisation qui prévaut. Comme le triomphe du fait psychique isolé, comme l'indépendance de l'élément mental n'est jamais complète, et comme, dans la vie de l'homme, l'organisation psychique n'atteint jamais la perfection, il y a donc toujours, et dans tous les faits, une part d'organisation et une part de mémoire. Selon le cas c'est l'une ou l'autre qui prédomine et qui nous frappe, et nous les voyons souvent profiter l'une de l'autre, mais si nous regardons de près nous retrouvons toujours, sous l'harmonie apparente, l'opposition essentielle que nous venons de signaler. Cette alliance de l'harmonie et de la lutte est d'ailleurs un fait universel dont nous ne voyons ici qu'une forme très spéciale.

Avec ces idées, nous pouvons interpréter, il me semble, les cas de vraie ou de fausse mémoire affective. Il y a mémoire affective dans la mesure où le fait affectif primitif se conserve ou se reproduit en contradiction avec l'organisation générale de l'esprit, ou du moins — ce qui revient un peu au même — en dehors de cette organisation générale. En ce sens, la mémoire affective abstraite est, en effet, beaucoup moins un phénomène de souvenir affectif que la mémoire concrète, parce qu'elle indique généralement le triomphe de l'activité systématisée de l'esprit sur la vie indépendante, sur l'exubérance turbulente de l'élément psychique. Quant à l'émotion renouvelée quand les conditions s'en présentent de nouveau, la part de la « mémoire » y peut être très variable. Elle y est d'autant plus considérable, toutes choses égales d'ailleurs, que l'émotion renaissante est moins en accord avec les tendances qui constituent actuellement le fond de notre vie mentale. Le père qui éprouve en revoyant ses enfants une émotion qu'il n'a guère cessé d'éprouver, ne présente pas précisément un cas de « souvenir » affectif, mais c'est un vrai cas de mémoire du sentiment que la réapparition d'une émotion d'enfance, depuis longtemps disparue et étrangère à notre vie actuelle, en revoyant un coin de village auquel on n'avait peut-être pas pensé depuis des années, non plus qu'aux impressions qu'on y avait éprouvées.

CHAPITRE III

MÉMOIRE AFFECTIVE ET MÉMOIRE INTELLECTUELLE

§ I.

Qu'il y ait bien une mémoire affective distincte de la mémoire intellectuelle, les faits que j'ai cités, et ceux que différents psychologues ont mentionnés déjà ne permettent pas, à mon avis, d'en douter. Il serait excessif d'exiger, comme preuve de la mémoire affective, des cas où aucun phénomène intellectuel ne s'éveillerait avec le phénomène affectif ou avant lui. Mais l'examen des faits prouve que le réveil des émotions n'est point « fonction » du réveil des images et de la mémoire intellectuelle en général. Peut-être peut-on y trouver aussi ou y retrouver quelques indications sur les rapports généraux des phénomènes intellectuels et des phénomènes affectifs.

Sans doute, il ne faut pas vouloir réduire à rien le rôle de la mémoire intellectuelle dans la reproduction des émotions. Souvent l'émotion accompagne la représentation, et en dérive plus ou moins. Souvent la vivacité des images-souvenirs paraît entraîner naturellement la reproduction du sentiment. L'idée abstraite reste quelquefois impuissante à l'éveiller, tandis que la perception même, si elle venait à se reproduire, (si les mêmes circonstances étaient réunies) devrait entraîner une reproduction très nette de l'émotion primitive. Ce que l'on voit affecte généralement plus la sensibilité que ce que l'on imagine faiblement. C'est là une très ancienne et très banale observation. Entre les deux termes extrêmes de la série, la perception et l'idée abstraite, s'échelonnent des images de plus en plus vives à mesure qu'elles se rapprochent de l'hallucination et de la perception, et corrélativement de plus en plus efficaces au point de vue de l'éveil des émotions. C'est ainsi que les choses se passent au moins quelquefois. Une des personnes que j'ai personnellement interrogées au sujet de la mémoire affective, me dit qu'elle peut faire revivre ses émotions, ses sentiments, en se replaçant par la pensée dans la situation où elle se trouvait quand elle les a éprouvées. Si le rappel des circonstances est moins complet, l'état intellectuel et affectif est remplacé par une simple idée abstraite.

Mais l'influence du fait affectif sur le fait intellectuel ne se manifeste pas moins sensiblement que l'influence inverse. Les faits qu'on se rappelle le mieux, les images qui nous reviennent le plus volontiers à l'esprit sont souvent celles qui nous intéressent le plus, et ce n'est pas une chose inconnue que la production d'images vives, d'illusions, d'hallucinations dans le rêve, dans la folie, ou même dans la réalité à peu près normale par un sentiment trop vif, par une violente émotion. Cela peut faire soupçonner que les faits intellectuels et les faits affectifs n'ont pas leur raison d'être en eux-mêmes et ne tirent pas d'eux-mêmes leur influence, mais qu'ils sont des signes correspondant à des activités, quelque peu différentes, de tendances qui se révèlent par eux à notre conscience. Nous les exprimons en termes d'intelligence consciente et de sentiments conscients, mais elles ont une réalité plus profonde et plus stable que ces phénomènes subjectifs.

C'est ce que tendent encore à prouver les cas de désaccord, les discordances entre la mémoire intellectuelle et la mémoire affective. Il arrive que les souvenirs intellectuels sont plus nets et plus vifs que les émotions renaissantes, mais le contraire se produit aussi, les phénomènes affectifs peuvent se réveiller avec bien plus de vivacité que les images qui leur correspondent, et j'insisterai sur ce cas, puisque c'est celui qui a laissé le plus de doutes.

Nous avons vu que Taine oppose la qualité médiocre de sa mémoire des formes et la qualité un peu supérieure de sa mémoire des couleurs à la qualité rare, et vraiment exceptionnelle de sa mémoire affective. L'image visuelle reste bien au-dessous de la réalité, l'image affective, si je puis ainsi dire, l'égale presque en vivacité. Une des personnes qui ont communiqué à M. Ribot les résultats de leurs observations sur elles-mêmes, affirme que « sa représentation des émotions est plus vive que l'émotion elle-même, et qu'elle se les rappelle bien mieux que les sensations visuelles, auditives et autres[1] ». M. Mauxion cite plusieurs faits de même nature pour distinguer ce qu'il considère comme la vraie mémoire affective de l'impression causée par la reviviscence des images. Voici un fait qui lui est personnel : « Il y a vingt ans environ, dit-il, j'errais sans but déterminé, dans l'une de ces rues paisibles qui avoisinent le Luxembourg du côté de l'ouest, en proie à l'un de ces accès d'humeur sombre, sans motif sinon sans cause, dont j'étais alors coutumier. Sous un porche, je crois, un vieillard était assis (peut-être debout), occupé à moudre un air sur une antique serinette, en implorant la charité des passants. Ce vieillard n'avait, autant que je m'en souvienne, rien de particulier, rien qui le distinguât spécialement des autres mendiants de son espèce, et l'air qu'il jouait était plutôt gai ; mais dans la disposition d'esprit où je me trouvais, tout cela me parut profondément lamentable, et je fus ému jusqu'aux larmes. Depuis lors, faiblement visuel comme je suis, j'ai oublié le lieu exact de la

1. Ribot, *Ouvrage cite.*

scène aussi bien que l'aspect du vieillard qui en était le personnage principal ; mais bien souvent je suis hanté par le souvenir de cet air dont les notes grêles et cassées chevrotent pitoyablement à mon oreille, et chaque fois je ressens véritablement cette même émotion de douloureuse mélancolie et d'ineffable pitié. Ici le sentiment n'a manifestement pas sa raison suffisante dans la représentation reviviscente et ne peut s'expliquer que par une association antérieurement établie entre l'émotion et l'image. »

M. Mauxions rappelle des cas ordinaires où le réveil du sentiment ne peut guère s'expliquer par l'influence directe et simple de l'image ou de la perception éprouvée. « A combien de personne n'est-il pas arrivé d'éprouver un serrement de cœur subit et un vague malaise à la vue d'une croix mortuaire ou de tout autre emblème funèbre, sans que cependant l'image de la mort se soit présentée nettement à leur esprit. N'arrive-t-il pas que tel paysage reparaisse constamment dans notre souvenir avec la teinte lugubre dont l'a revêtu un jour une tristesse dont nous ignorons ou avons oublié les causes ? Que de sympathies et d'antipathies soi-disant instinctives trouveraient peut-être leur explication dans quelque ressemblance qui, sans suggérer d'images, suffit pour déterminer la reviviscence de quelque sentiment antérieurement éprouvé ! »

1. Mauxion, Article cité. *Revue philosophique*, mars 1901, p. 148-149.

Si je consulte mon expérience personnelle, je trouve que mes souvenirs sont bien souvent composés d'émotions reviviscentes, plus ou moins nettes, plus ou moins vives, plutôt que d'images précises. Lorsque je me rappelle un fait, c'est très souvent d'une manière abstraite. J'en ai l'idée plutôt que la représentation concrète. Quelques détails sortent de la pénombre, mais l'ensemble des images reste incomplet, et, à bien des égards, abstrait. L'émotion, au contraire, peut être nette et précise, et, parfois, quand je suis favorablement disposé, vive ou très vive. Sans doute, elle prend en bien des cas une forme plus générale et plus abstraite que celle qu'elle avait originairement, elle correspond à l'ensemble d'une situation plutôt qu'à chacun des détails qui l'ont composée, elle reproduit le fond permanent de l'émotion première plutôt que ses mille petites variations, mais elle est souvent nette et vive, beaucoup plus précise et moins incomplète que l'ensemble des diverses images qui l'accompagnent. Il n'y a pas entre l'émotion éprouvée d'abord et l'émotion reviviscente, la différence qui existe entre les perceptions primitives et l'idée générale, mêlée çà et là de quelques représentations plus vives, qui les fait, à présent, vaguement revivre.

Il faut remarquer aussi que l'éveil des phénomènes intellectuels, des images, peut arriver secondairement et sous l'influence du phénomène affectif qu'il peut d'ailleurs ensuite contribuer à préciser. Il se produit une série compliquée de phénomènes étroitement unis et dépendant les uns les autres, sans qu'on doive attribuer à la seule force de l'idée l'intensité du sentiment. Les faits de ce genre, assez habituels chez moi, me semblent tout à fait analogues à celui que je viens de rappeler d'après M. Mauxion.

Si je cherche comment se réveille en moi le sentiment reproduit, je constate que, fréquemment, une sensation ou une image particulière est l'intermédiaire entre l'état présent et l'état passé. Mais ce n'est pas cette perception, cette sensation ou cette image qui cause par elle-même et directement, logiquement, l'émotion. Elle ne la réveille que par une association dont l'origine a été fortuite. En fait, elle signifie tout autre chose qu'elle-même, elle est une sorte de symbole accidentel, elle remplace et parfois elle évoque tout un ensemble de faits, toute une situation, de longues séries d'actes, de paroles, de sentiments, d'événements variés, et souvent elle éveille le fait affectif bien plus nettement que les images concrètes qui s'y rattachent. C'est là un fait commun. Le cri de Rousseau. « Ah! voilà de la pervenche! » en est un exemple connu. Ce n'est pas la pervenche par elle-même qui cause le réveil de l'émotion, c'est toute la période de vie dont le souvenir était attaché à l'image, à la vue de cette fleur. Nous venons de voir la place que tenait un air de serinette dans un souvenir affectif de M. Mauxion. Pour mon compte, j'ai souvent observé, dans le cours de ma vie affective, des faits semblables. Une perception, parfois une image vient ainsi raviver un sentiment, un ensemble d'impressions, tout un moi affectif différent du moi d'à présent, une sorte de cénesthésie d'autrefois, l'impression d'une vie depuis longtemps disparue. Et la perception ou l'image qui provoquent cette évocation peuvent être de nature très diverse et n'avoir pas de rapports logiques avec les sentiments qu'elle réveille. Je me rappelle, par exemple, qu'en relisant certain livre d'Huxley, je sentais revivre en moi tout un monde d'impressions qui n'avaient rien à voir avec le sujet du livre, mais qui reproduisaient une partie importante de ma vie affective à l'époque où, pour la première fois, j'avais lu ce livre. En écrivant ceci, j'ai pensé à un autre livre, à un livre de Littré dont l'action fut pareille, et l'idée seule de ce livre a fait renaître — assez faiblement — un état affectif vieux de plus de vingt ans, et qui s'est précisé à mesure que d'autres images venaient lui donner une base plus solide. Un parfum, une odeur sont aussi très capables de réveiller en moi un certain ton psychique, et des sentiments plus ou moins précis. Mais c'est peut être la musique que j'ai trouvée le plus efficace à cet égard. Réentendre un air est une excellente condition pour faire reparaître les sentiments que j'éprouvais quand je l'ai d'abord entendu. Cet effet était si naturel et si net chez moi que j'ai été instinctivement amené à l'utiliser et à le régulariser. J'ai gardé ainsi, dans ma mémoire, un certain nombre de souvenirs musicaux dont la fonction était de faire revivre en moi des impressions et des émotions, sans qu'il fût du tout nécessaire que le caractère de l'air correspondît au caractère du sentiment qu'il évoquait. Il y avait même parfois entre eux une opposition marquée.

Ce procédé d'association se retrouve dans la mémoire intellectuelle, par exemple lorsque deux idées, deux images, sont reliées l'une à l'autre par un élément qui leur est commun, et que l'éveil de l'une entraîne l'éveil de l'autre, sans lui être logiquement rattachée. C'est, en somme, une forme ordinaire de l'association par contiguité. Les cas dont je parle ont été, en ce qui concerne la mémoire intellectuelle, étudiés avec soin et à plusieurs reprises par les psychologues contemporains. Dans les cas de mémoire affective, le phénomène est seulement un peu plus compliqué, par l'introduction — surtout peut-être par la considération — d'un nouvel élément.

Les faits affectifs et les faits intellectuels apparaissent dans tous ces phénomènes comme se compliquant, s'associant, s'évoquant les uns les autres, sans qu'on puisse toujours les débrouiller et les séparer bien nettement par l'observation et l'analyse. Je suis porté à croire que tout souvenir renferme des éléments intellectuels et des éléments affectifs, même quand ceux-ci sont peu apparents, en proportions très variables selon les cas et selon les personnes.

Mais ni les uns ni les autres ne paraissent exister généralement par eux-mêmes et pour eux-mêmes. Ils sont les éléments et les symboles d'un ensemble psycho-organique qui les emploie et les dépasse, d'une tendance ou d'un complexus de tendances. C'est cette tendance, système de phénomènes physiologiques, d'idées, d'images, d'émotions, d'impressions de toutes sortes, de phénomènes psychologiques mal classés et mal connus, conscients ou inconscients, qui constitue la vraie réalité, le tout solide et compact dont quelques parcelles émergent seules et nous sont plus aisément connues. C'est peut-être encore l'idée abstraite parce qu'elle est la moins spécialisée, et la plus générale, qui la représente le plus fidèlement et nous en donne le symbole le plus exact. Une nuit que j'avais un assez long voyage à faire, je fermai les yeux et me donnai une représentation subjective d'un drame lyrique. Évidemment, cette représentation était fragmentaire, mes images visuelles ne me rendaient qu'une faible partie de la réalité, et mes images auditives, moins incomplètes, étaient fort loin d'équivaloir à l'audition réelle de l'orchestre et des chanteurs. Mes émotions étaient plus fidèles sans doute et se rapprochaient assez de celles que me donnait la vraie représentation du drame. Même, à certains égards elles étaient plus pures, plus précises, plus fortes peut-être. Mais surtout ce que je cherchais et ce que je réussissais à réaliser en moi, c'était un état d'esprit général, une manière d'être synthétique, un système psycho-physiologique vivant, dont les idées partielles, les images visuelles ou auditives, et même les sentiments évoqués, avec tout leur cortège de phénomènes secondaires, n'étaient que les éléments. La mémoire intellectuelle et la mémoire affective ne sont que des fragments dans un édifice mobile et changeant qui, à de certains moments, les utilise.

§ II.

Naturellement les souvenirs intellectuels et les souvenirs affectifs correspondent à des conditions différentes du jeu des tendances. J'ai examiné ailleurs les faits généraux qui font les différences essentielles des phénomènes affectifs et des phénomènes intellectuels, et les conditions générales de leur production. Nous les retrouverions ici si nous avions à les chercher, dans les cas, bien entendu, où il est possible de voir à peu près pourquoi et comment c'est le caractère affectif ou le caractère intellectuel qui est surtout apparent dans un phénomène de mémoire ou dans un ensemble de phénomènes. La tendance, l'arrêt des tendances, leur impuissance à se développer librement et avec harmonie, la multiplicité de phénomènes qui en est la conséquence, tout cela agit ou se montre dans le cas particulier qui nous occupe. Tel souvenir qui, d'ordinaire, est purement intellectuel, redevient affectif si la

1. Voir Les *Phénomènes affectifs* et *Esprits logiques et Esprits faux*, partie I (Paris, F. Alcan).

tendance à laquelle il se rattache est fortifiée ou spécialement excitée par certaines circonstances, sans que son évolution naturelle en soit facilitée d'autant, ou si, la tendance restant sensiblement la même, l'arrêt qui lui est imposé se fait plus rigoureux. Réciproquement, les souvenirs qui se rattachent à une tendance donnée peuvent passer de l'état affectif à l'état intellectuel ou abstrait si cette tendance trouve plus facilement ou plus régulièrement à se satisfaire. Lorsque nous avons besoin de manger, le souvenir du pain peut nous affecter bien plus que lorsque nous sortons de table. Chez un homme sérieusement amoureux, d'autre part, le souvenir d'une femme autrefois aimée peut redevenir intellectuel ou abstrait, perdre le ton affectif qu'il avait en d'autres circonstances. Il semble que le souvenir des joies passées s'anime davantage quand nous sommes privées de ces joies, et que cependant, la tendance qui les produisait existe encore assez forte en nous, d'autant plus aisément excitée qu'elle est moins satisfaite. Les effets produits varient d'ailleurs beaucoup avec la composition des phénomènes qui sont très compliqués, et je n'ai pas à revenir plus longuement sur la question.

Ce qu'il faut retenir, c'est que, au point de vue de la fonction générale de la mémoire, nous pouvons considérer indifféremment les souvenirs intellectuels et les souvenirs affectifs. Nous avons eu à remarquer de grandes analogies et de notables différences entre ces deux sortes de souvenirs. Mais on peut signaler des différences entre deux groupes quelconques de faits et même entre deux faits pris dans le même groupe. Les caractères généraux qui les unissent ne se rapportent pas moins à une fonction générale, qu'ils servent chacun de son côté et selon sa nature propre. Les souvenirs intellectuels comme les souvenirs affectifs sont une survivance ou un retour, les uns et les autres marquent également le triomphe relatif de l'activité indépendante des éléments psychiques, les uns et les autres peuvent être utilisés de la même manière, si l'on ne considère cette utilisation que sous ses aspects les plus généraux.

CHAPITRE IV

DE QUELQUES TRANSFORMATIONS DU SOUVENIR

§ I.

L'idéal du souvenir en tant que souvenir serait de conserver ou de reproduire exactement la réalité passée. Ce n'est pas ce qui arrive en général, heureusement, car l'idéal du souvenir est un idéal très inférieur. Les faits, les idées, les sentiments, se transforment toujours plus ou moins en se reproduisant, quand ce ne serait que par leur réapparition dans des circonstances nouvelles et par les associations, nouvelles aussi, qui en résultent.

On s'est demandé quel était le degré de fidélité de la mémoire affective et si l'on pouvait le connaître. Il est sûr que cette fidélité varie beaucoup selon les gens et les circonstances. Je ne veux pas d'ailleurs aborder pour le moment cette question, mais examiner un peu certaines modifications particulières qui s'opèrent parfois dans le sentiment conservé et qui peuvent, il me semble, prêter à des considérations intéressantes.

Ces modifications sont celles qui amènent le sentiment à une intensité supérieure ou à une pureté plus grande. Ceci est assez différent de ce qui se passe pour le souvenir d'une perception. Pour trouver des analogues à ce fait dans le domaine de l'intelligence c'est encore à d'autres faits qu'il faudra recourir, par exemple, comme nous l'avons déjà fait, aux opinions, aux croyances, aux théories.

L'évolution du sentiment conservé dans le sens d'un accroissement de l'intensité ou de la pureté ne paraît pas un cas très rare. Commençons par en établir la réalité et, pour cela, citons quelques faits.

Voici tout d'abord une affirmation de Chateaubriand : « .....Dans le premier moment d'une offense, dit-il, je la sens à peine, mais elle se grave dans ma mémoire; son souvenir, au lieu de décroître, s'augmente avec le temps; il dort dans mon cœur des mois, des années entières, puis il se réveille à la moindre circonstance avec une force nouvelle et ma blessure devient plus vive que le premier jour. Mais si je ne pardonne point à mes ennemis, je ne leur fais aucun mal; je suis rancunier et ne suis point vindicatif. Ai-je la puissance de me venger, j'en perds l'envie, je ne serais dangereux que dans le malheur [1]. »

1. Chateaubriand, *Mémoires d'Outre-Tombe*, I. 77.

Rapprochons de ce fait le cas de Rousseau qui, ayant reçu un service de son hôte, écrit plus tard : « je fus touché de sa bonté mais moins que je ne devais l'être, et que je ne l'ai été depuis en y repensant [1] ». Il faut remarquer l'indication : « moins que je ne devais l'être », elle donne la clef de quelques-unes de ces transformations, et indique dans quel sens il faut chercher une explication générale.

Eugénie de Guérin nous donne aussi une constatation intéressante et dont l'importance s'augmente de ce qu'il ne s'y agit pas d'un fait donné comme exceptionnel : « C'est bien vouloir s'enivrer de tristesse, dit-elle, de revenir sur ce passé, de feuilleter ces papiers, de rouvrir ces cahiers pleins de lui. O puissance des souvenirs ! Ces choses mortes me font, je crois, plus d'impression que de leur vivant et le ressentir est plus fort que le sentir. J'ai éprouvé cela bien des fois [2] ».

Une des personnes que M. Ribot a interrogées lui a déclaré aussi « que sa représentation des émotions est plus vive que l'émotion elle-même [3] ». Une de celles que j'ai questionnées moi-même m'a dit qu'elle jouissait parfois plus par le souvenir que par la réalité même de ses impressions agréables. J'ai aussi personnellement observé chez moi, en certains cas, l'exaltation progressive d'un sentiment se rapportant à un événement passé à mesure que cet événement

1. Rousseau, *Confessions*, partie I, livre IV.
2. Eugénie de Guérin, *Journal*, p. 391-392 (Paris, Didier).
3. Ribot, *Psychologie des sentiments*, p. 152.

s'éloignait (jusqu'à un certain point, bien entendu). Il m'est arrivé souvent d'être plus affecté d'un événement en y pensant qu'au moment où il s'était effectivement produit. Il est des choses qui m'ont laissé presque indifférent sur le moment, contrarié ou charmé à peine et dont le souvenir s'est accompagné d'une impression beaucoup plus forte. C'est une remarque souvent rencontrée que la faiblesse ou la nullité de l'émotion au moment même du péril, et son accroissement considérable une fois le péril passé. Et nous abordons des faits, qui, s'ils sont, à certains égards, des faits de mémoire, sont aussi autre chose et demandent à être examinés de plus près.

Je citerai enfin une observation inédite communiquée à M. Ribot et qu'il a bien voulu me transmettre. « Voici, écrit la personne qui l'a rédigée, comment évoluent en moi les souvenirs des émotions pénibles, et ceux des émotions agréables : leur marche est tout à fait différente selon moi : Tandis que le souvenir des émotions agréables *faiblit graduellement* mais ne s'efface *presque jamais complètement*, le souvenir des émotions pénibles *croît* en intensité *pendant quelque temps*, arrive à un maximum, pendant lequel l'émotion renouvelée dans la mémoire est beaucoup plus intense que celle primitivement ressentie, puis ensuite l'effacement se fait, *et il est complet* au bout de quelque temps.

« Observation I. — Le départ de mon amie, Mme Z., me cause un immense chagrin. Ce chagrin augmente *après* son départ, de jour en jour, et devient si grand que je me sens absolument malade pendant plusieurs semaines. Durant une année entière je ne peux me résoudre à passer par la rue dans laquelle demeurait mon amie, et, une fois, ayant aperçu de loin sa maison, je fus prise d'un si subit accès de larmes, que mes jambes fléchissaient sous moi, j'avais beaucoup de peine à cacher mon émotion et à continuer ma route. Malgré la violence de mon chagrin il diminue peu à peu et disparaît complètement au bout de deux ou trois ans.

. . . .

« Obs. III. — A Allevard-les-Bains, en 1883-84? j'ai été réveillée une nuit brusquement par une secousse de tremblement de terre, j'en fus très effrayée. Mais la crainte *augmente* encore les jours suivants, et pendant plusieurs semaines je crus devenir folle tant la peur se ravivait au moindre bruit et au seul souvenir de la secousse éprouvée et du bruit souterrain qui l'accompagnait; j'en avais perdu le sommeil et l'appétit. Cela dura plusieurs mois, puis s'effaça graduellement et disparut complètement en tant qu'émotion; le souvenir seul du fait reste très vif jusqu'à présent, mais je n'ai pas la moindre peur en pensant aux tremblements de terre, toujours possibles cependant.

« Obs. IV. — Une autre année encore à Allevard, je tirais au pistolet, pour me désennuyer, en compagnie de ma sœur. Celle-ci, un jour qu'elle venait de charger son pistolet, et qu'elle s'apprêtait à viser, se tourna subitement vers moi pour dire un mot à mon père placé derrière moi ; dans ce moment l'arme fut braquée sur ma poitrine et à bout portant, mais je détournai brusquement son bras, et le coup partit en l'air. Je fus assez effrayée du danger que je venais de courir et dont je me rendais parfaitement compte, surtout étant donné le caractère très peu attentif de ma sœur. Cette impression de crainte *se renforça* les jours suivants et devint pendant quelques semaines si pénible que j'avais mal au cœur en y songeant. Ensuite, après plusieurs semaines, l'émotion s'effaça et je pus recommencer à tirer avec le plus grand calme. »

La même personne cite encore deux faits semblables aux précédents et que je supprime pour ne pas trop allonger ma citation. Le fait que l'émotion conservée peut croître parfois en intensité ne paraît pas, en somme, douteux.

§ II.

La pureté n'est pas l'intensité, cependant ces deux qualités sont assez étroitements unies en certains cas pour qu'il soit difficile de les distinguer, et l'une peut prendre l'aspect de l'autre. Un sentiment peut paraître plus intense lorsqu'il est devenu plus pur et que rien, en le troublant, ne paraît plus en diminuer l'éclat, mais il peut paraître aussi plus pur parce qu'il est plus intense et que son intensité même nous empêche d'apercevoir ses défectuosités, ses petites taches. La pureté d'un sentiment peut d'ailleurs diminuer les causes internes d'inhibition qu'il renferme et le rendre ainsi plus vif, comme une vivacité plus grande peut, en stimulant les principaux éléments, leur permettre d'écarter les autres et purifier ainsi l'ensemble du sentiment. A d'autres égards cependant, la pureté et l'intensité peuvent s'opposer, mais si je les joins ici c'est en tant qu'elles marquent des changements analogues dans le sentiment conservé. Il est possible que dans les faits que je viens de citer il y ait parfois un accroissement de pureté à côté d'un accroissement d'intensité. En certains cas l'accroissement de pureté est tout particulièrement visible.

Je rappellerai ici le cas de Rousseau, le souvenir que lui avait laissé une punition injustement subie pendant son enfance : « Le premier sentiment de la violence et de l'injustice est resté si profondément gravé dans mon âme, que toutes les idées qui s'y rapportent me rendent ma première émotion ; et ce sentiment relatif à moi dans son origine, a pris une telle importance en lui-même, et s'est tellement détaché de tout intérêt personnel que mon cœur s'enflamme au récit de toute action injuste, quel qu'en soit l'objet, et en quelque lieu qu'elle se commette, comme si l'effet en retombait sur moi. Quand je lis les cruautés d'un tyran féroce, les subtiles noirceurs d'un fourbe de prêtre, je partirais volontiers pour aller poignarder ces misérables, dussé-je cent fois y périr[1]. » Remarquons ici une épuration et une généralisation corrélatives. Tandis que d'une part le sentiment conservé s'épure, s'abstrait de ce qu'il contient de trop personnel, élimine par conséquent certains éléments de la forme primitive qu'il avait prise, d'autre part, — et cette épuration en est une condition — il se généralise, s'applique, virtuellement au moins, à un bien plus grand nombre d'objets. Il se transforme, en somme, il évolue.

J'interpréterais encore dans le même sens certaines déclarations de Restif de la Bretonne. « Les jours où je lui avais parlé, dit-il à propos d'une des nombreuses femmes dont il fut épris, me redevenaient présents ; je versais des larmes, je lui étais plus fidèle, absente, que lorsque je pouvais la voir et lui parler tous les jours[2] ». Il me semble impossible de ne pas trouver dans un tel cas l'épuration et peut être le renforcement du sentiment par le souvenir.

Mon expérience personnelle aussi m'a montré maintes fois une émotion, un sentiment se purifiant, dans le souvenir, des éléments étrangers ou parasites qui les déparaient. Il m'est souvent arrivé de mieux profiter d'un plaisir quelconque, après coup, en y pensant, qu'au moment même où je le prenais réellement.

1. Rousseau, *Confessions*, partie I, livre I.
2. Restif de la Bretonne. *Monsieur Nicolas*, VII, 75.

§ III

Ceci s'explique, semble-t-il, assez aisément. Même dans les moments où nous goûtons les joies les plus pures, les plus exemptes de trouble que nous permet cette vie, il n'est pas rare que notre bonheur soit gâté par quelque dissonance. Il se trouve d'ordinaire, dans les événements les mieux ordonnés, quelques détails discordants. Ils ne détruisent certes pas la bonne impression d'ensemble que nous éprouvons, mais ils en troublent un peu l'harmonie, ils en altèrent la pureté. Souvent ces dissonances sont à peine aperçues, elles n'en existent pas moins et se font vaguement place dans l'état de conscience total qui s'établit.

Et ces discordances extérieures, objectives, ne sont pas les seules qui nous gâtent, parfois sans que nous nous en apercevions bien, nos plaisirs. Si les choses elles-mêmes n'en fournissaient point, par miracle, on pourrait compter, pour y suppléer, sur l'esprit de l'homme. Le jeu de l'association des idées, l'activité relativement indépendante des éléments psychiques éveillent intempestivement des idées, des impressions fâcheuses. Ou bien on sent vaguement naître une impression confuse de fatigue, d'énervement ou de satiété. Si l'on fait, par exemple, une agréable promenade en voiture, on resssent çà et là quelques cahots ; un coup de vent vif et un peu frais fait pleurer les yeux, ou bien on rencontre un personnage déplaisant, ou bien encore l'idée vous vient d'un accident possible, ou l'on se rappelle qu'on a oublié d'écrire une lettre pressante, ou la pensée vous arrive de quelque événement fâcheux qu'on avait oublié. Tout cela, sans avoir une bien grande importance, tend à troubler l'état de conscience total, la résultante, le ton composé qui s'établit dans l'esprit.

Et bien souvent tout cela est éliminé par le souvenir. Il ne subsiste plus que les impressions dominantes, les sentiments principaux, et ils peuvent se développer à leur aise sans être gênés par les milles petits obstacles que la réalité leur oppose constamment et que le souvenir supprime.

C'est là un effet naturel et assez fréquent de l'association systématique. Si nos sentiments sont troublés, c'est que les circonstances dans lesquelles nous les éprouvons sont complexes et mêlées. Quelques-unes tendent à les produire tandis que d'autres tendent à les contrarier. Je viens de rappeler quelques cas bien communs où cette contrariété se produit. Dans le souvenir les éléments objectifs qui contrarient le sentiment sont fréquemment écartés, bien plus aisément que dans la réalité (quoiqu'ils soient souvent, pour certaines personnes, faciles à négliger dans la réalité même). Le souvenir d'un désagrément objectif ne s'impose pas à nous avec la même force que sa présence réelle. Les éléments principaux du sentiment et les images diverses qui s'y unissent logiquement ont une tendance à provoquer l'inhibition des images qui viendraient les contrarier, et cette inhibition s'exerce plus favorablement dans le souvenir, au moins en certains cas, que dans la réalité. Je dis : en certains cas, car le résultat me paraît dépendre beaucoup des personnes. Il en est qui sont assez ardentes, moins réfléchies, moins avisées et moins prudentes, plus impatientes et plus actives qui réduisent plus aisément peut-être, mais aussi aisément au moins, les causes de trouble lorsqu'elles sont réellement présentes. D'autres au contraire sont plus timides ou plus consciencieuses, plus scrupuleusement observatrices en face de la réalité, elles n'aiment pas à se faire illusion, à ne pas apercevoir, un peu volontairement, certains côtés des choses ou à s'aveugler sur eux, et leurs plaisirs sont très souvent troublés, mêlés d'appréhensions ou diminués par de tout petits faits. Mais elles sont mieux organisées pour la rêverie du souvenir. Quand elles se placent consciemment en dehors de la réalité actuelle, elles se laissent aller à idéaliser leurs souvenirs, à purifier leurs émotions conservées, même sans bien s'en rendre compte, de ce qu'elles pouvaient contenir de fâcheux et de discordant.

Les raisons qui agissent ainsi sur les causes objectives du trouble des émotions agissent aussi sur les causes qui se trouvent dans la nature même de l'esprit. La crainte, l'inquiétude, la timidité, l'ignorance de ce qui va se passer, toutes les causes de ce genre sont assez aisément éliminées dans le souvenir, au moins chez certaines classes d'esprit, car il faut se garder des généralisations excessives.

Je comparerais volontiers cet effet du souvenir sur la pureté de l'émotion à certains faits du fonctionnement de l'intelligence, et par exemple à l'opération par laquelle une idée devient de plus en plus abstraite. En se dépouillant peu à peu de quelques-uns de ses éléments concrets, il arrive ainsi que l'idée devient plus nette et plus pure, et, si l'on veut ensuite la généraliser, plus exacte et plus précise. Ce qu'il y avait d'essentiel dans l'expérience s'est dégagé des éléments accessoires ou accidentels, s'est condensé, systématisé en une idée abstraite, comme ce qu'il y avait d'essentiel, de principal dans le phénomène affectif s'est condensé, systématisé en un ensemble moins compliqué à certains égards, mais mieux unifié, plus pur.

Et en effet cette purification que le sentiment subit dans le souvenir est une sorte de commencement d'abstraction et de généralisation, une phase préparatoire au moins de cette longue évolution qui va des sentiments tels que la réalité les produit tout d'abord aux impressions les plus abstraites et les plus générales. Jusqu'ici, et tant qu'on peut parler, au sens strict, de souvenir, les sentiments se sont surtout débarrassés des éléments étrangers. Ils se purifient par l'élimination de ces éléments, ils deviendront abstraits par l'élimination d'éléments internes, mais non essentiels et dominateurs, du système. De même une idée, un souvenir peut s'épurer par l'élimination des éléments étrangers à sa nature et s'abstraire en se réduisant de plus en plus à quelques éléments essentiels. Notre conception d'un livre, par exemple, peut s'épurer dans le souvenir, en éliminant les éléments étrangers qui se sont associés à elle pendant que nous lisions ce livre. Nous oublierons, pour former cette conception, mille impressions hétérogènes de chaleur, de froid, de fatigue ou de bien-être, des interruptions, des images de la pièce où nous l'avons lu, de notre table, etc., ou du moins nous n'en tiendrons pas compte, nous l'isolerons de ces éléments accessoires et parasites et elle se purifiera ainsi. Puis elle deviendra plus abstraite par l'oubli de certains détails du livre, de chapitres superflus, de digressions, et par l'organisation de ses éléments essentiels. De même notre affection pour une personne, par exemple, peut donner lieu à des souvenirs, à des émotions spéciales reviviscentes qui s'épurent par l'oubli des circonstances accessoires, des impressions concomitantes mais étrangères au sentiment même. Elle s'abstraira et se généralisera par l'oubli, ou par la simple mise à l'écart de quelques-uns de ses éléments, de quelques souvenirs concrets, de bien des images affectives ainsi purifiées, et par l'organisation de quelques impressions affectives essentielles. On trouve toujours une étroite corrélation entre le mécanisme des sentiments et celui de la pensée, à la condition de bien choisir les termes comparés, ce qui est essentiel, car l'un et l'autre ne sont que les symboles d'une même organisation plus profonde. La purification, l'abstraction et la généralisation pourraient donner lieu à un parallèle très long et très minutieux. Je n'ai pas à y insister ici.

§ IV.

Il y a, au contraire, semble-t-il, une opposition visible entre la mémoire intellectuelle et la mémoire affective en ce qui concerne l'intensité. Le sentiment s'exalte parfois par le souvenir tandis que, régulièrement, le souvenir d'une perception est plus faible que la perception même. L'analyse des conditions de ce renforcement de l'émotion nous expliquera, je crois, cette apparente anomalie et cette différence qu'il ne faudrait pas exagérer, car le souvenir affectif ne va pas toujours — il s'en faut — en augmentant de vivacité, et le souvenir intellectuel paraît bien ne pas toujours se caractériser par une diminution de vivacité, si l'on ne prend pas une perception, surtout, pour le point de départ du fait de mémoire.

Au fond, ce sont, au moins pour une part, les mêmes raisons générales qui expliquent d'un côté l'affaiblissement de l'image, de l'autre, l'exaltation du sentiment dans le souvenir. Il s'agit toujours de l'association systématique et de l'inhibition. Seulement dans un cas c'est l'image souvenir qui l'emporte sur ses réducteurs, dans l'autre ce sont les réducteurs qui l'emportent sur l'image souvenir.

L'image tend vers l'hallucination, si elle n'y arrive pas c'est qu'elle est inhibée par ses antagonistes. Pareillement le sentiment tend à se développer, à s'affirmer avec force, à envahir l'esprit, à diriger la conduite. S'il n'y arrive pas, c'est qu'il a aussi à lutter contre des réducteurs. Les deux faits sont exactement analogues. Seulement, il arrive que la réduction s'opère en général sur l'image reproduite bien plus aisément que sur la perception et que, au contraire, cette même réduction s'opère parfois bien moins facilement sur le sentiment représenté que sur le sentiment naissant. C'est que nous n'avons pas dans le domaine affectif un réducteur constant qui agisse sur le sentiment renaissant comme les perceptions actuelles agissent sur l'image renaissante. Nos sentiments ne dépendent pas étroitement de l'intensité de la perception qui les provoque, qui en est l'occasion, du moins ils n'en dépendent pas comme nos représentations concrètes des objets. Ils sont surtout en rapport étroit avec l'organisation de notre vie mentale. Quelques signes noirs sur du papier blanc, lus à la lueur débile d'une lampe peuvent nous émouvoir beaucoup plus profondément qu'une foule immense vue sous un soleil éclatant. Ce n'est pas dans le rapport de la perception à l'image qu'on peut trouver l'analogue du rapport du sentiment-souvenir à l'émotion primitive. Dans le cas du sentiment, c'est surtout l'organisation intérieure qui décide de la vie et de la mort, de l'intensité et de la faiblesse, du développement ou de la régression des faits affectifs, et il n'y a pas de raison absolue pour qu'elle ne combatte pas aussi bien un sentiment qui se produit qu'une émotion-souvenir, pour qu'elle ne favorise pas aussi bien celle-ci que l'impression originelle.

Sans doute il ne faut pas trop généraliser. Mais les excès de la généralisation sont ici bien faciles à écarter, et je n'ai pas besoin de les signaler longuement. Il est vrai, par exemple, que le plaisir ou la douleur propre des sensations sera généralement plus vif que celui qui accompagnera leur reproduction par l'image. Encore cela n'est-il pas absolu. En tout cas, cela n'est pas vrai de la même manière pour l'image intellectuelle et pour l'image affective. Si, par exemple, je pense à une lumière éblouissante, j'éprouve une sensation pénible localisée dans l'œil et autour de l'œil, moins vive que celle que me ferait éprouver la réalisation de mon idée, mais certainement bien plus vive que mon image visuelle de la lumière, très pâle à côté de la moindre perception.

Souvent aussi la force propre de la perception, en imposant certaines idées à l'esprit, agit sur les sentiments correspondants pour les fortifier et les renforcer. Il se produit à chaque instant une excitation et une réduction de phénomènes affectifs par la réalité même, par les perceptions qui nous arrivent constamment du dehors. Je dis seulement qu'il n'y a pas ici un réducteur du sentiment comparable au réducteur de l'image, et que, tandis que l'image tend forcément à être niée comme perception actuelle et enrayée dans son développement, il n'en est pas de même de l'émotion, qui peut, au contraire, réduire, parfois très nettement, le retentissement de la perception dans la vie intérieure. Une tendance puissante, le désir qui la manifeste en nous, nous arrachent à la réalité bien plus qu'une simple image, et si les images y arrivent parfois, c'est surtout en se rattachant à un sentiment, à une tendance puissante. Mais, en général, l'image, l'idée est plus indépendante, moins étroitement liée au jeu des tendances que le désir ou l'émotion.

Au contraire, la vie organisée du sentiment peut fort bien s'exercer pour réduire un sentiment, pour l'empêcher de se développer, au moment même où il se produit. Bien des causes, surtout chez les esprits méfiants, prudents, hautains, dédaigneux, réservés, timides, empêchent la personne de s'abandonner tout d'abord à son impression, et atténuent, parfois dans une large mesure, l'intensité première du sentiment éprouvé. Il est des gens qui ne se laissent guère aller à leur première impression, qui retiennent leur émotion, et qui, non seulement en suspendent les manifestations, mais qui, par là même, en arrêtent le développement et l'empêchent de se produire d'une manière appréciable. Ce mode d'inhibition caractérise certains esprits. L'action d'arrêt s'exerce principalement sur les états de conscience dont on n'est pas sûr, sur ceux qui n'ont point encore été éprouvés, qui restent inconnus ou douteux. Et précisément parce que c'est ce caractère de nouveau et d'inconnu qui fait inhiber un sentiment, il se peut très bien que l'inhibition cesse, une fois ce caractère disparu. Quand le sentiment qui tendait à se produire aura été apprécié, reconnu, qu'on aura pu parer à ses inconvénients et se mettre en mesure de profiter de ses avantages, il trouvera dans l'esprit des conditions bien plus favorables à sa pleine manifestation, à son développement. Et s'il vient, pour une raison quelconque, à être rappelé à l'esprit, il y prendra une intensité bien plus grande, et l'esprit s'y abandonnera plus volontiers. Dans le moment où l'on reçoit une offense, il se peut qu'on mette son amour-propre à ne pas se sentir atteint, ou qu'on désire garder tout son sang-froid pour répondre, pour juger la situation, ou qu'on veuille, par orgueil, ne pas avoir l'air humilié et qu'en supprimant l'expression du sentiment on arrête le sentiment même. Tout cela n'est pas conscient et voulu toujours sur le moment même, c'est l'expression de vieilles habitudes mentales, de la constitution générale d'un caractère, qui peut être très ardent, mais qui est instinctivement ou volontairement maîtrisé. Plus tard, au contraire, ces raisons d'arrêt disparaissent, l'esprit a pu se reconnaître; il ne craint plus de s'emporter à la légère, l'émotion renaîtra plus vive qu'au moment même où elle s'est produite, et elle pourra devenir de plus en plus vive à mesure que disparaîtront peu à peu les obstacles qui s'opposaient à son expansion.

Il y a là une cause générale d'accroissement de l'émotion. Elle se trouve assez communément chez les natures ardentes qui, parfois, à cause de cette ardeur dont il leur a fallu compenser les inconvénients, se sont habituées à se retenir beaucoup et affectent une indifférence dont la réalité va s'affirmant. La retenue explique le peu d'intensité de l'émotion première, et l'ardeur son intensité croissante à mesure que les circonstances changent. Le cas de Chateaubriand me paraît rentrer dans la catégorie de faits déterminés par cette cause.

Une nécessité générale d'adaptation tend à produire chez tous les hommes l'inhibition des émotions, au moins en certains cas, au moment même où elles se produisent, et où elles pourraient être dangereuses, par exemple à cause du trouble qu'elles introduiraient dans l'esprit. Quand les circonstances ont changé, l'émotion qui ne correspond plus à une situation présente, mais à une situation passée, peut augmenter sans inconvénients. C'est à cette cause qu'il faut rapporter sans doute les cas où l'on voit l'émotion se produire faiblement au moment d'un grand danger pour devenir très intense quand le danger est passé, les cas, qu'on voit cités, de personnes qui, après avoir fait preuve de sang-froid pendant le péril, s'évanouissent quand elles sont en sûreté.

La réduction de l'émotion s'opère ici au moment même où cette émotion correspond à la réalité actuelle. La nécessité de penser au danger, l'association systématique des tendances en vue de la conservation de la personne en arrête le développement tant que ce développement pourrait être un péril. Une fois qu'il devient plus inoffensif et que la coordination des sentiments, des idées et des actes vient à se relâcher, l'émotion, qui ne correspond plus à la situation, qui est une survivance, un souvenir, peut acquérir toute son intensité et inhiber à son tour les idées, les actes et les autres faits affectifs.

Peut-être pourrait-on trouver dans la mémoire intellectuelle des perceptions mêmes des faits correspondant à ceux-là. Si, par exemple, étant très préoccupés, nous ne faisons pas attention à une perception qui reste inconsciente, inaperçue, — j'emploie ce mot malgré l'apparente contradiction qu'il implique —, et si ensuite cette perception revient dans le souvenir et attire notre attention lorsque sa cause extérieure a disparu, nous avons un phénomène à peu près analogue, bien que l'image du souvenir ne prenne guère la vivacité d'une perception.

Dans l'exaltation du sentiment par le souvenir, il faut tenir compte aussi des effets de l'habitude. Si nous sommes pour la première fois dans les conditions voulues pour éprouver un sentiment nouveau pour nous, il arrive que nous ne sachions pas l'éprouver, absolument, comme il arrive qu'on ne puisse pas toujours comprendre, à sa première présentation une idée nouvelle. L'esprit reste gauche, maladroit, il ne peut laisser prendre au sentiment qui s'éveille toute son ampleur. Celui-ci est gêné par la systématisation première de l'esprit, par le jeu déjà organisé des tendances et des idées. Il lui faudra, pour se développer, une habitude qui manque à l'esprit, qui naîtra et se formera peu à peu, par des retours répétés, par des souvenirs successifs du même sentiment. La gêne qui résulte du manque d'habitude peut être bien moindre dans le souvenir que dans la réalité même, parce que les circonstances extérieures qui peuvent contribuer à produire, au début, ou à entretenir cette gêne, sont supprimées dans le souvenir ou considérablement amoindries, et que leur représentation est vaincue par la force du sentiment naissant qui agit d'autant plus vivement qu'il a été plus comprimé. C'est ainsi que, lorsqu'il s'agit de sentiments nouveaux, certains timides sont émus plus vivement par le souvenir que lorsque la réalité même les y convie. Et le cas du manque d'habitude ressemble d'ailleurs beaucoup à celui que nous examinions tout d'abord. Il se mêle souvent à lui et ne s'en distingue pas toujours bien nettement.

Ce sont parfois des changements dans les idées et les sentiments qui permettent à quelques-uns de ceux-ci de se développer après leur première apparition. C'est ce qui se montre, par exemple, dans le cas déjà cité de Rousseau chez qui la reconnaissance pour un service rendu se développe au lieu de s'affaiblir, comme il arrive souvent, ou de se conserver telle quelle. Rousseau avait été touché, tout d'abord, de la bonté de son hôte, mais, ajoute-t-il, « moins que je ne devais l'être et que je l'ai été depuis en y repensant ». C'est-à-dire qu'il a mieux compris le fait ou qu'il a modifié sa façon de le comprendre et que l'émotion s'en est accrue. Il arrive assez souvent, ainsi, que le jeu des idées et des sentiments subséquents transforme un sentiment primitif soit pour le fortifier et l'augmenter, soit pour en changer même la nature.

Il est à peine besoin de faire remarquer sans doute que tous les phénomènes que nous venons d'examiner reposent sur la tendance spontanée du sentiment, dans un esprit bien organisé, à se développer, à devenir plus vif et plus intense, à susciter par association systématique tout ce qui peut l'aider, à éliminer ou à inhiber le reste. Cette tendance correspond à la tendance hallucinatoire de l'image et de l'idée. Il est des cas, comme celui que m'a communiqué M. Ribot et que j'ai longuement cité tout à l'heure, où l'on ne fait guère que constater cette tendance sans bien apercevoir les causes plus ou moins importantes qui déterminent ses diverses manifestations. On voit l'émotion aller en s'amplifiant, puis en diminuant sans que ses conquêtes progressives et la réaction qui finit par la faire disparaître puissent s'expliquer bien nettement et se rapporter à des circonstances précises.

§ V.

L'accroisssement d'intensité et la purification que peuvent présenter les sentiments conservés dans l'esprit ne sont en somme qu'une des modifications que leur font subir les circonstances de la lutte pour la vie et la réaction sur eux des autres phénomènes psychiques. Ces modifications peuvent être très nombreuses et très variées. Je n'ai nullement l'intention de les examiner toutes, même d'une manière sommaire et en restant dans les généralités.

Mais il en est une dont je dirai quelques mots parce qu'elle se rattache assez étroitement à celle que je viens d'examiner, parce qu'elle appelle la question de la fidélité de la mémoire affective, et aussi peut-être parce qu'elle a été plusieurs fois abordée dans des œuvres littéraires célèbres, qui nous montrent d'ailleurs une tendance, très fréquemment visible dans les affirmations concernant la psychologie concrète, à trop généraliser une manière d'être spéciale.

Tout le monde se rappelle les vers de Musset dans le *Souvenir*, à propos du *Nessum maggior dolore*, de Dante.

Dante, pourquoi dis-tu qu'il n'est pire misère,
Qu'un souvenir heureux dans les jours de douleur,
Quel chagrin t'a dicté cette parole amère,
Cette offense au malheur,

. . . .

Non par ce pur flambeau dont la splendeur m'éclaire,
Ce blasphème vanté ne vient pas de ton cœur
Un souvenir heureux est peut-être sur terre
Plus vrai que le bonheur.

Musset aurait pu se dispenser de critiquer Dante. Les deux façons de sentir sont également réelles. Elles nous montrent des attitudes différentes de l'esprit en présence d'un souvenir affectif. Dans l'une le phénomène affectif évoqué provoque une réaction nettement hostile. Il se produit un effet de contraste marqué et le sentiment reviviscent entre en somme comme élément dans un ensemble dont le caractère est précisément opposé au sien propre. Le souvenir heureux évoque vivement le malheur actuel, il l'avive encore, et l'union discordante de ces idées et de ces impressions, c'est « la pire misère ».

Dans l'autre, au contraire, le souvenir heureux l'emporte, il apparaît comme une consolation, comme une revanche anticipée du malheur présent. Et qu'on remarque l'expression « peut-être... plus vrai que le bonheur » qui confirme, malgré le vague à cet égard des autres déclarations de Musset, ce que nous avons vu de l'amplification et de la purification du phénomène affectif par le souvenir. Ici, c'est au profit du souvenir que se fait le contraste avec la réalité. Souvent on fait naître ainsi une illusion sur le bonheur passé, on est enclin à se l'exagérer, on le juge trop d'après l'impression que nous en donne le contraste actuel. Si l'on n'a pas la mémoire naturellement très sûre ou un esprit critique extrêmement développé, on est conduit à considérer comme très heureux, grâce au malheur actuel, un état qui était réellement jadis bien médiocre et bien troublé. Le contraste agit ici pour renforcer la tendance à l'épuration et à l'exaltation du sentiment dans le souvenir. On juge ses propres états passés comme on juge ceux d'une société, le temps d'autrefois apparait comme « le bon vieux temps » par une illusion dont le mécanisme est assez compliqué mais, en somme, facile à comprendre.

Seulement ceci n'implique pas toujours que le sentiment soit en fait devenu plus vif. Il se peut que la représentation du bonheur d'autrefois comme plus grand qu'il ne fut réellement reste elle-même assez froide et plutôt intellectuelle. Alors ce n'est pas précisément un fait de mémoire affective qui se produit, ou c'est la mémoire affective sous sa forme la plus affaiblie. Le renforcement, l'épuration de l'émotion primitive ne se rapportent qu'à l'émotion représentée, non à l'émotion éprouvée, et ils sont rejetés dans le passé, localisés selon le mécanisme ordinaire du souvenir. Ils ne deviennent pas actuels, en tant que faits affectifs. Mais le mécanisme qui les produit sous leur forme intellectuelle ou sous leur forme affective est celui que nous avons déjà examiné, celui où la transformation est provoquée par le changement ultérieur des idées et des dispositions. Il est à noter que chez quelques esprits qui jugent plus sainement et sont moins dupes de leurs souvenirs, ce qui domine c'est non pas l'idée qu'ils ont été très heureux jadis, mais l'idée qu'ils auraient dû l'être, qu'ils n'ont pas su apprécier à leur valeur les conditions de bonheur dont ils jouissaient alors. Ils peuvent, au reste, s'en donner assez bien les raisons et par là même s'excuser à leurs propres yeux. En bien des cas aussi l'homme se reproche de n'avoir pas éprouvé, en des circonstances données, une émotion assez forte, de n'avoir pas été assez heureux, assez aimant, assez reconnaissant. Et cela décèle l'existence d'une des conditions de la mémoire affective amplifiante, mais peut aboutir seulement à une idée assez froide, à un jugement sans émotion.

L'illusion inverse se produit aussi. Le malheur actuel, au lieu de les raviver par le contraste, ou d'être ravivé par eux, nous gâte alors nos souvenirs et nos joies d'autrefois, comme un verre fumé nous ternit les paysages les plus éclatants. Il n'est même pas nécessaire pour qu'ils soient altérés que le malheur s'en mêle, il suffit parfois d'un simple changement d'opinion ou de sentiments. Le souvenir d'un bonheur qui reposait sur une illusion maintenant détruite n'est pas toujours agréable, et même l'état passé n'apparaît pas toujours comme ayant été jadis un bonheur. Comme on se déprend malaisément de ses dispositions actuelles, on a de la peine à le juger tel et l'on est aisément porté à croire que, en fait, on n'a jamais été heureux. Souvent j'ai pu constater, chez plusieurs personnes, la méconnaissance complète de phénomènes affectifs anciens qui étaient en désaccord avec l'état affectif du moment, car on peut généraliser le fait en question et admettre que des sentiments très divers peuvent disparaître ainsi ou se transformer dans le souvenir. Les phénomènes de ce genre varient beaucoup selon les personnes, selon leurs dispositions du moment, et pour bien d'autres raisons. Il est souvent possible, dans un cas donné, d'en analyser les causes, mais il est très difficile de formuler ici des lois générales. Elles seraient ou si abstraites ou si vagues qu'elles ne nous apprendraient rien d'intéressant. Pour mon compte j'ai pu souvent remarquer que des impressions, jadis agréables, deviennent désagréables lorsqu'on se les rappelle plus tard. Chez une des personnes que j'ai interrogées sur la mémoire affective, le même phénomène est assez habituel. Quelquefois quoique paraissant désagréable au moment où il reparaît, le sentiment peut être reconnu comme ayant été agréable autrefois, et il tend, dans une certaine mesure, à redevenir agréable. Il se produit alors une sorte de dédoublement assez curieux. Le sentiment renouvelé est à la fois agréable et pénible, agréable comme adapté à certaines tendances du moi qui subsistent plus ou moins encore ou qui revivent par le souvenir, désagréable en tant que s'adaptant mal aux tendances, aux idées, aux désirs qui sont prépondérants dans le moi actuel. Selon le rapport des tendances d'autrefois à celles d'à présent, selon leur mélange, leur force respective, les résultats de la lutte, l'inhibition ou la combinaison, le caractère d'ensemble du phénomène changera considérablement. Nous pouvons avoir un état franchement désagréable, un état agréable, un état mixte et troublé. Et bien que d'après les dispositions et le caractère d'une personne on puisse parfois prévoir le résultat, cette prévision n'est jamais bien sûre, car sa réalisation dépend de trop de facteurs pour qu'on les connaisse tous et qu'on en puisse annoncer à l'avance le jeu précis que la moindre chose vient modifier.

§ VI.

Fréquemment les souvenirs affectifs sont ainsi transformés par des dispositions actuelles, sans qu'on s'en aperçoive. De là une grande quantité d'illusions. Pouvons-nous éviter ces illusions ou, au moins, en certains cas, être à peu près assurés de la fidélité de notre souvenir? M. Höffding avait signalé cette cause d'erreurs, et M. Pillon, en lui répondant, se montre assez optimiste. « Lorsque, dit-il, je m'enfonce dans mes souvenirs intellectuels et affectifs, en m'efforçant de les revivre, il se peut, — je l'admets volontiers, — que le sentiment qui me domine en cette application de mon esprit altère plus ou moins, en s'y mêlant ou en s'y opposant, le sentiment ancien dont j'ai réveillé en moi le souvenir. De là les illusions dont parle M. Höffding. Mais il faut distinguer entre l'éveil *voulu* du souvenir affectif et celui qui se produit indépendamment de la volonté par l'effet imprévu des lois de l'association. Je crois que, dans ce dernier cas, la mémoire reproduit fidèlement, en ses principaux caractères, le sentiment ancien et que la pureté du souvenir affectif est conservée. Personne ne supposera qu'en s'éveillant, tout à coup avec tant de force, en l'esprit de Littré, le souvenir affectif dont j'ai rapporté plus haut l'observation ait pu être altéré par les sentiments ordinaires et dominants du philosophe[1] ». (Il s'agit ici du cas de Littré que j'ai brièvement rapporté tout à l'heure.)

M. Pillon a heureusement choisi son exemple, mais je ne pense pas que le caractère involontaire du souvenir suffise à nous assurer de sa fidélité. S'il donne une vague présomption d'exactitude, c'est en ce sens que la volonté, appliquée à l'éveil du passé, risque par l'intervention de la personnalité actuelle dont elle est l'expression, des sentiments dont elle est la conséquence, de fausser le souvenir. Mais il peut très bien se fausser sans qu'elle intervienne. On le constate, je crois, en comparant le langage très divers que tient une personne selon les moments, à propos de ses impressions sur une autre personne ou sur un événement quelconque. Assez fréquemment, les impressions conservées ne ressem-

1. Pillon, *Article cité.*

blent pas à celles qui furent manifestées tout d'abord et les souvenirs affectifs varient d'une fois à l'autre sans que ces variations soient dues au rappel volontaire des sentiments. Les désirs actuels, les tendances, les idées nouvelles ont peu à peu altéré l'impression première, et, sans que l'esprit y prenne garde, l'ont rendue très différente de ce qu'elle était d'abord. Qu'une occasion, même involontaire, la fasse revivre et incite à la rapporter au passé, elle pourra très bien y être projetée avec ses caractères actuels. Autant que j'en puis juger, j'ai plusieurs fois remarqué de semblables erreurs.

La confiance est plus légitime si l'on peut supposer que l'impression affective a été tenue à l'abri des causes de transformation. Certains faits nous arrivent, certaines impressions éclosent en nous, puis elles disparaissent pour longtemps. Nous les oublions, et les idées, les sentiments qui vivent en nous ne s'attaquent point à elles pour les annexer, les détruire ou les modifier. Elles restent, autant qu'il est possible, étrangères à notre vie, et si un jour quelque hasard les fait revivre en nous, elles nous apparaissent un peu comme ces objets longtemps enfermés dans quelque tiroir que personne n'ouvre. Nul ne pense à eux et, s'ils sont un jour tirés par hasard de leur retraite, ils en sortent tels qu'ils y sont entrés et nous reportent aux jours passés depuis longtemps pendant lesquels ils ont été mêlés à notre vie. Ainsi se lèvent parfois des impressions de jadis que leur longue disparition nous fait apparaître maintenant comme étrangères. Je crois que cette apparence d'étrangeté, ce manque d'harmonie avec nos préoccupations, nos idées, nos désirs actuels, cette brusque interruption de la vie présente et ce retour obligé au passé dont nous avons l'impression sont de bonnes garanties de la fidélité de la mémoire. Au contraire, lorsque le souvenir s'adapte trop bien à notre état actuel, lorsque nous y retrouvons trop complètement notre moi d'aujourd'hui, il est prudent de nous en méfier. Il a probablement subi des retouches, il s'est tenu au courant de notre propre évolution.

Souvent le souvenir affectif sincère et fidèle est une gêne pour nous. Les impressions qu'il fait revivre en nous ne nous conviennent plus. Elles nous sont désagréables, elles nous choquent, nous en sommes légèrement honteux. Une des personnes qui m'ont donné quelques renseignements sur leur mémoire affective me dit qu'elle évite en général de faire revenir ses anciennes impressions, parce que même les souvenirs de plaisir lui deviennent désagréables à cause de la réaction des sentiments actuels.

§ VII.

Sans doute nous n'arrivons jamais à une certitude absolue, et c'est faire une hypothèse que de voir dans la discordance des souvenirs et de l'état actuel une garantie de la fidélité de la mémoire. Mais cette hypothèse est rendue vraisemblable par bien des faits. Il arrive que nous retrouvons une trace objective, une expression conservée d'un ancien sentiment. Et alors même que nous n'avons pas beaucoup changé au fond, la forme concrète que prenait alors ce sentiment chez nous, l'expression que nous lui donnions, les petites impressions qui l'accompagnaient nous sont devenus assez étrangers pour que l'idée qu'ils ont été une partie de nous nous soit désagréable, et que nous soyons gênés par la pensée d'avoir ainsi manifesté à d'autres notre personnalité. J'ai connu plusieurs personnes qui, à cause de cela, n'aimaient pas du tout qu'on conservât leurs lettres et qu'on les relût plus tard, surtout lorsqu'elles avaient un caractère d'expansion et d'intimité. Moi-même, en relisant de vieilles lettres, et en repassant par les impressions que j'avais éprouvées jadis au moment où je les écrivais, j'ai eu plusieurs fois de pénibles impressions de gêne, même sans qu'il s'y trouvât rien d'important. Je crois qu'il est bon, pour que cet effet se produise bien, que la lettre ait été longtemps oubliée. Elle garde bien mieux alors la force d'évoquer les impressions dans leur fraîcheur première. Les sentiments qui nous sont rappelés chaque jour conservent leur place dans la vie et s'harmonisent mieux, en se modifiant quelque peu, à l'évolution de notre vie mentale. L'impression que je mentionne est, je pense, assez commune. Assurément, elle n'est pas universelle. On peut prendre plaisir à la discordance du passé et du présent, on peut aussi la négliger et jouir simplement du rappel du passé en évitant instinctivement le heurt du présent. Tout cela dépend des personnes, des habitudes, des circonstances, et l'on pourrait analyser les raisons d'être de ces différentes impressions, mais elles nous importent peu pour le moment. Il nous suffit de voir que cette discordance, pourvu qu'elle existe, n'est pas une raison absolue, certes, mais est une bonne condition de la véracité du souvenir. Nous pourrons en apprécier un peu mieux la valeur en examinant les conditions dans lesquelles le souvenir s'est produit, en nous rappelant si nous l'avons déjà éprouvé. Il est sûr que lorsque nous possédons une expression objective du vieux sentiment, une lettre par exemple, la présomption de fidélité du souvenir devient plus grande, soit que cette lettre devienne l'occasion de la reviviscence du sentiment, soit qu'elle nous serve de moyen pour contrôler un souvenir né d'une cause différente. Et les cas où la fidélité du souvenir est ainsi à peu près prouvée peuvent nous servir à reconnaître les caractères intrinsèques des souvenirs vraisemblablement exacts et nous permettre de supposer légitimement la fidélité de ceux en qui nous les retrouvons, même quand la vérification n'est pas possible. Dans ce dernier cas, notre confiance doit être cependant un peu diminuée.

Nous ne sommes donc pas sans ressources pour apprécier dans une certaine mesure l'exactitude d'un souvenir affectif. Mais il est très important, pour pouvoir bien profiter de ces ressources, de s'habituer à se méfier de la croyance immédiate et spontanée qu'on appelle le témoigne du sens intime, de ce sentiment intérieur qn'on est trop porté à croire infaillible. On se trompe très souvent sur son propre compte, et l'on est instinctivement porté à prendre l'absence d'autres moyens de certitude pour la preuve de la véracité de l'induction spontanée fondée sur une impression du sens intime. Peu de gens ont su s'habituer à traiter leurs phénomènes psychiques comme une matière d'observation objective, à critiquer leurs impressions et leurs opinions sur leurs propres états de conscience. De très fortes raisons, intellectuelles et sentimentales, rendent cette opération difficile et l'illusion presque inévitable en certains cas.

§ VI I.

Si nous cherchons à dégager quelque conclusion générale de cette étude très incomplète sur les transformations du souvenir affectif, nous sommes frappés encore par l'opposition de la mémoire et de l'organisation.

La mémoire, en tant que simple reproduction du fait est, en soi, une gêne pour l'esprit. Elle introduit dans son fonctionnement des éléments mal adaptés, mal dégrossis, qui heurtent et choquent les rouages principaux, et qui, pour devenir eux-mêmes des rouages utiles ont, en général, besoin d'être retouchés, analysés, décomposés en bien des façons, puis synthétisés en des systèmes nouveaux, taillés et retaillés selon les exigences propres, le caractère, les qualités spéciales, la fonction particulière de l'esprit qui doit les utiliser.

Ce travail s'accomplit incessamment. Les souvenirs qui restent pour ainsi dire dans la circulation, qui sont souvent rappelés, subissent plus ou moins ces diverses opérations, ils se transforment et parfois ils perdent complètement leur forme concrète primitive et cessent d'être aptes à la reprendre. Ils ont dépouillé leur qualité de souvenirs pour ne garder que celle d'éléments organisés de la vie de l'esprit. Bien des notions que nous employons journellement, bien des sentiments constamment mêlés à notre vie sont dans ce cas. Nous ne les rappelons plus sous leur forme primitive, nous les avons dégagés de bien des éléments parasites qui les accompagnaient d'abord, et même le système essentiel qu'ils formaient a évolué. Nous le reconnaîtrions parfois à peine sous sa première forme, bien que le changement ait été progressif et assez lent pour que nous ne l'ayons pas remarqué. On peut dire, avec une comparaison inexacte d'ailleurs à bien des égards, que la mémoire est une sorte de garde-manger où s'entassent encore intactes les provisions que l'esprit devra absorber et s'assimiler ensuite en les transformant.

Les transformations que nous avons étudiées sont un commencement d'organisation. Et ce commencement d'organisation est déjà suffisant pour diminuer en quelques cas, dans les faits que j'examinais, leur caractère de souvenirs. On a dû le remarquer. Si le souvenir s'amplifie, se purifie, change de caractère, c'est pour entrer, en l'enrichissant, en le transformant, dans l'organisation mentale, dans la systématisation générale de l'esprit. C'est aussi, parfois, pour son développement propre. La vie indépendante de l'élément conservé s'exagère, en ce cas, au lieu de se détruire. Cet élément se développe dans l'esprit et parfois contre l'esprit. Mais en tant qu'il se développe, il change et se transforme, et l'organisation spéciale de cet élément s'oppose encore à la mémoire, à la conservation pure et simple qui, d'ailleurs, le laisserait beaucoup plus faible devant les attaques de l'organisation générale de l'esprit.

Cette organisation progressive des souvenirs ou de leurs éléments fait évidemment l'utilité de leur existence. Cela est vrai des faits intellectuels comme des faits affectifs. Il serait inutile de conserver en soi des quantités d'expériences si ce n'était pour en dégager les éléments, pour en tirer des lois générales, des caractères abstraits, pour leur appliquer son intelligence en la transformant ainsi et en l'enrichissant. De même la conservation des faits affectifs doit nous servir à profiter des expériences passées, à organiser le système général de nos réactions, à éviter ou à rechercher telles ou telles impressions, à faire évoluer notre caractère, nos sentiments, notre conception de la conduite, notre pratique[1]. Et pour cela, il faut que le souvenir soit assimilé, transformé à certains égards, analysé, généralisé, associé à d'autres souvenirs semblables, il faut qu'il perde, au moins en bien des cas, beaucoup de ses détails, de ses éléments originels, et parfois qu'il se transforme complètement. L'utilité de la mémoire c'est de fournir l'occasion de la supprimer en la remplaçant par l'organisation, c'est qu'elle est la condition, et en quelque sorte, la forme rudimentaire, le premier pas de l'organisation mentale contre laquelle elle lutte, mais qui doit la vaincre et s'enrichir de ses trésors.

En dehors de cette utilité générale où le rôle du souvenir est de se détruire, il existe certains cas particuliers où la mémoire affective est utilisée sous sa forme propre, où le souvenir est pris tel quel par l'esprit qui s'en sert sans l'adapter et précisément parce qu'il n'est pas adapté. C'est ce phénomène que je désire examiner à présent.

1. Voir sur l'utilisation générale de la Mémoire affective, l'article déjà cité de M. Pillon, *Revue philosophique*, février 1901.

CHAPITRE V

L'UTILISATION DU SOUVENIR AFFECTIF

§ I.

J'ai eu souvent à faire remarquer la tendance de l'esprit humain à utiliser ses propres imperfections[1]. Il n'est sans doute aucun de ses défauts dont il ne sache tirer parti. Ce que j'ai dit de la mémoire comme opposée à la systématisation générale n'implique donc pas que la mémoire la moins systématisée ne puisse servir à rien. L'esprit saura toujours en profiter, et outre l'utilité générale que tout esprit en pourra tirer, chacun, selon ses facultés propres, selon ses tendances et ses idées s'ingéniera pour l'employer en quelque manière avantageuse qui lui soit personnelle. Une fois son utilité

1. Voir en particulier : *Esprits logiques et Esprits faux* (chapitres sur l'Illogisme et les Esprits illogiques) et la *Psychologie du calembour*, *Revue des Deux Mondes*, août 1897.

reconnue, la mémoire affective peut être cultivée pour elle-même. Selon un procédé très général, de moyen elle devient fin, et nous voyons qu'elle suscite plusieurs artifices destinés à permettre au souvenir affectif de se conserver.

Il ne faudrait pas croire que cette utilisation soit toujours, en définitive, un bien pour l'esprit. Parfois elle aide certaines tendances à vivre et à se développer, mais elle peut nuire par cela même à l'équilibre général. Il faudrait, pour chaque cas particulier, discuter les avantages et les inconvénients. Ni les uns ni les autres ne manquent jamais, mais ils sont en proportion très variable.

Nous allons examiner successivement quelques cas d'utilisation de la mémoire affective. Il est bien entendu que je laisse ici de côté ceux où la mémoire affective sert directement à l'organisation de l'esprit et, par là, tend à se supprimer. Il est de règle que les souvenirs affectifs comme les souvenirs intellectuels soient évoqués quand nous avons besoin d'eux pour le mécanisme de l'association systématique, quelque nombreuses que soient les exceptions dues à l'activité indépendante des éléments psychiques. Par exemple, si l'enfant s'est brûlé le doigt à une flamme, le souvenir de la douleur l'avertit, en présence d'une bougie ou d'un foyer, de ne plus se risquer à y envoyer la main. Mais l'enfant prend ainsi l'habitude d'éviter certaines causes de souffrance et de mort, et le rôle du souvenir affectif va diminuant à mesure que l'organisation qu'il a facilitée se développe. Je ne sais plus comment j'ai appris que le feu brûle, ni si je me suis jamais brûlé à un foyer ou à une lampe, je n'ai plus — depuis longtemps — besoin que ces souvenirs s'évoquent en moi. Le souvenir n'existait pas pour lui-même. Grâce à la systématisation de l'esprit, il a tendu indirectement à se rendre inutile. C'est là comme je l'ai dit la véritable fonction du souvenir affectif.

Mais il se peut, dans certains cas où l'organisation ne s'établit pas spontanément, qu'il y ait intérêt à maintenir le souvenir affectif, à l'exciter, à le rappeler volontairement par divers procédés. Une sorte de protectionisme mental tâche de suppléer aux défauts du « laissez faire, laissez passer » appliqué aux éléments psychiques. La volonté se substitue à l'automatisme.

C'est que, quelquefois, le sentiment n'arrive pas à produire une organisation que nous jugeons suffisamment durable et solide. Il faut alors s'efforcer, si les souvenirs sont un peu usés et fanés, de leur rendre leur fraîcheur et leur force première pour qu'ils puissent de nouveau intervenir utilement. Beaucoup de nos sentiments, de nos habitudes, sont constamment attaqués par d'autres. Mille tentations nous en détournent, des occasions continuelles se présentent de les oublier, de les laisser se dissoudre. Si nous tenons à les garder en nous, s'ils sont eux-mêmes assez solides encore, ils se défendront et nous serons amenés à rechercher, par des moyens artificiels à leur conserver leur force où à la leur rendre et, pour cela, à raviver de vieilles impressions, à recommencer le travail d'organisation déjà accompli ou à le perfectionner.

Ou bien encore, au contraire, au lieu de conserver en nous des sentiments anciens et qui risquent de s'étioler, nous voudrions faire naître et croître en nous des sentiments nouveaux à qui les circonstances de la vie ne sont pas naturellement très favorables. Nous sommes alors portés à raviver souvent les impressions déjà éprouvées qui peuvent faciliter leur épanouissement. Ici, l'imagination vient se joindre au souvenir et collaborer à son œuvre. Il s'agit, en effet, très souvent, non pas tant de faire triompher des sentiments déjà formés, que de créer un sentiment nouveau en systématisant diverses impressions passées et en les combinant avec celles que donne la réalité ou du moins certaines portions de la réalité. Cette création ne rentre point dans notre sujet, mais elle se mêle si intimement au souvenir qu'il n'était guère possible de ne pas au moins la mentionner.

Dans tous les cas le souvenir des sentiments est souvent conservé. On se promet — quelquefois parce qu'on l'a promis à une autre personne, — de garder une impression, une émotion. On juge que cela est bon, on s'en fait un devoir, ou bien on s'en fait un plaisir. On met en quelque sorte en réserve un souvenir heureux pour le revoir à volonté, pour le ruminer à loisir. On y trouve la satisfaction de quelque sentiment : amour, amour-propre, orgueil, sentiment du devoir, selon la nature du souvenir :

> J'enferme ce trésor dans mon âme immortelle
> Et je l'emporte à Dieu

disait Musset. Alors, ou bien on se fie instinctivement à sa mémoire affective, ou bien on a recours à quelque moyen artificiel et convenu, plus ou moins méthodiquement employé. Ce qu'on appelle un « souvenir », un petit objet qu'on donne ou qu'on échange, une fleur cueillie à quelque buisson en un jour de joie, est un moyen mnémotechnique appliqué à la mémoire du cœur. C'est, dans le domaine affectif, l'équivalent du nœud fait au mouchoir pour se rappeler une idée. De même le soufflet que, dit-on, des parents avisés appliquent à leurs enfants, quand la tête d'un criminel tombe sur l'échafaud, pour leur rappeler cette scène et l'importance de la vertu. Les notes qu'on prend, les « journaux » que certaines personnes écrivent régulièrement sont employés aussi pour conserver des émotions, et offrent pour cela un moyen plus précis.

On fixe le sentiment en imitant le procédé naturel de l'association par contiguïté (sauf dans le cas du journal ou de la note où l'association est plus systématique). On crée une contiguïté factice, de manière à pouvoir retrouver à volonté l'objet, le fait quelconque choisi pour être l'évocateur du sentiment, ou bien on renforce l'impression, on l'associe à un souvenir que l'on suppose devoir persister plus aisément comme le soufflet destiné à fixer l'émotion en l'augmentant sans doute. En rattachant ainsi l'émotion au moyen de l'association par contiguïté à une fleur qu'on peut revoir quand on le veut, à un air qu'on peut fredonner à volonté on rend le rappel du fait affectif bien plus facile, et mieux subordonné à notre pouvoir personnel. C'est un des mille expédients par lesquels nous arrivons à soumettre à notre volonté une portion naturellement assez indépendante de notre vie mentale.

Il est très avantageux, d'ailleurs, d'utiliser pour cela, quand on le peut, les associations spontanées, et c'est certainement par là qu'on débute. Remarquer que l'audition d'un air ou que la vue d'une fleur évoque en nous des souvenirs agréables ou pénibles, nous amène vite à créer systématiquement des associations qui peuvent nous être utiles et à éviter à l'avenir celles qui nous seraient désagréables.

Le choix du fait évocateur est varié. Il est parfois traditionnel, imposé par la coutume, par la religion, par les mœurs, d'autres fois il est personnel, c'est-à-dire déterminé par les aptitudes spéciales du sujet, parfois plutôt occasionnel, c'est-à-dire qu'on profite du fait qui se présente et qu'un ensemble de circonstances fortuites a désigné. L'échange d'un anneau rentre, par exemple, dans le premier cas, le choix par une personne, sensible à la musique, d'un air chargé de fixer son émotion et de la rappeler, rentre dans le second, et, dans le troisième, le rappel d'un sentiment au moyen d'une perception qui y a été accidentellement jointe, d'une émotion d'amour par la vue, la lecture nouvelle du livre qu'on lisait lorsqu'on a vu la personne aimée ou lorsqu'on a vivement pensé à elle. Un fait inédit signalé à M. Ribot, qui veut bien me le communiquer, donne une bonne idée du mécanisme employé. Ici l'émotion ravivée est pénible, et doit être plutôt évitée, mais une émotion agréable peut, en pareille circonstance, être volontairement et méthodiquement rappelée. « Il y a deux ans, écrit le correspondant de M. Ribot (ayant alors dix-sept ans), je me mis à lire la Jeanne d'Arc de Michelet, souffrant de douleur d'estomac et de maux de tête. Je dus renoncer à finir ma lecture ce jour-là et me reposer. Mais quand, le lendemain, rétabli par un bon sommeil, je voulus reprendre le récit, je sentis peu à peu, avec étonnement mon malaise me ressaisir. C'est avec un véritable *dégoût* (je ne trouve pas d'autre mot) que j'achevai ce chef-d'œuvre d'émotion. Et quand un mois plus tard, je recommençai la même expérience, mêmes symptômes. Aussi pour ne plus y être exposé, je cachai le livre dans ma bibliothèque. »

En certains cas on profite encore des associations fortuites d'une autre manière, la vue des lieux où l'on a éprouvé une émotion est un bon moyen de la faire revivre, seulement il n'est pas toujours aussi commode à employer. Il est bien connu, d'ailleurs, et la littérature en a souvent profité.

§ II

Pour fixer l'émotion et pour la conserver, l'association par contiguïté est constamment employée, de préférence à des formes plus systématiques d'association. C'est qu'il s'agit à la fois d'empêcher le souvenir de disparaître et aussi de l'empêcher de se décomposer pour laisser ses éléments entrer dans des organisations supérieures, et perdre ainsi son individualité, sa nature concrète. La perception ou l'idée à laquelle est rattachée par contiguïté l'émotion à retenir ne tend guère par elle-même à en séparer les éléments. Une association plus systématique, au contraire, aurait souvent cet effet. Le rappel logique d'une émotion au moyen de procédés appropriés, par l'éveil voulu des tendances auxquelles cette émotion se rapporte répond à un autre but. Il risque alors de réveiller surtout certains éléments du souvenir, les éléments essentiels et les mieux adaptés à la tendance qui les évoque. Le souvenir, mieux organisé en somme, n'a plus toujours, alors, la même fraîcheur et la même vivacité. Les éléments secondaires, accessoires, ceux qui sont plus ou moins en désaccord avec le moi actuel sont écartés, mais ce sont justement ces éléments-là qui font l'individualité de l'état passé, de cet état éprouvé par un moi qui n'est plus le nôtre, et ce sont par suite des éléments que nous pouvons être surtout désireux de conserver, ou que nous pouvons même avoir besoin de conserver, si nous croyons devoir réagir contre notre moi actuel, ou le transformer quelque peu, l'orienter en un certain sens. C'est pourquoi il ne faut pas, en pareil cas, réveiller ce souvenir affectif avec notre organisation acquise, avec le moi d'à présent, avec l'ensemble de tendances qui domine en nous, même quand ce souvenir peut s'y rapporter. Il faut le rappeler par l'éveil d'une perception, d'une image, par la vue d'un symbole quelconque, pas trop usé encore et qui s'y rattache par un mode d'association quelque peu illogique, comme la contiguïté. Alors nous avons bien plus de chances de voir apparaître notre souvenir affectif dans sa fleur première. Nous restituons ainsi non plus l'émotion d'autrefois vue, pour ainsi dire, à travers notre moi d'aujourd'hui, comprise et remaniée par lui, mais l'émotion du moi de jadis, ressuscité lui-même pour un instant. Il n'est personne, sans doute, qui n'ait eu l'occasion de comparer le caractère terne, effacé, du souvenir direct, évoqué logiquement, avec la fraîcheur, la vivacité, la complexité de l'impression réveillée, par exemple, par la vue des endroits où nous l'éprouvâmes jadis, par une fleur séchée retrouvée à l'improviste.

En pareil cas c'est un procédé illogique qui s'emploie parfois très logiquement, et cette logique tortueuse de l'esprit supplée à l'impuissance de la logique directe. C'est en empêchant l'organisation des sentiments et des idées que l'association par contiguïté a pu permettre, en certains cas (car il s'en faut que le résultat soit toujours avantageux), à une organisation supérieure, de s'établir en profitant d'elle.

Défendre ainsi ses sentiments, c'est aussi, bién souvent, se défendre soi-même. Certaines personnes ont, de temps en temps, le besoin de s'abstraire de leur vie, de se réfugier dans le passé ou de se construire un monde idéal dans lequel elles vivent plus que dans le monde réel. On sait, par exemple, quelle force Balzac donnait à ses conceptions, et il est à croire qu'un artiste comme Gustave Moreau n'a pas surtout vécu des sentiments de sa vie sociale. L'imagination est ici plus puissante que le souvenir, et je n'ai pas à m'occuper d'elle, mais dans cette substitution d'un monde préféré au monde réel, la mémoire affective est un auxiliaire qu'on ne peut négliger. « Mon imagination, écrit Rousseau, qui dans ma jeunesse allait toujours en avant, et maintenant rétrograde, compense par ces doux souvenirs l'espoir que j'ai pour jamais perdu. Je ne vois plus rien dans l'avenir qui me tente ; les seuls retours du passé peuvent me flatter ; et ces retours si vifs et si vrais dans l'époque dont je parle, me font souvent vivre heureux, malgré mes malheurs [1]. » Ce cas n'est pas exceptionnel. Ce rappel, instinctif ou voulu, est, à des degrés divers, d'un usage presque général. Il

1. *Confessions*, partie I, livre VI.

paraît dominer surtout, ce qui est assez naturel, chez les sentimentaux.

Il est parfois très systématique et très voulu. La commémoration devient une véritable méthode. Quelquefois elle n'a qu'une portée individuelle. Elle est inspirée par le simple désir de se rappeler une personne chérie. Je citerai, en ce genre, le calendrier sentimental et amoureux de Restif de la Bretonne[1]. Parfois son importance devient bien plus considérable et plus haute. Rappelons-nous Auguste Comte par exemple et sa façon d'entendre la prière, la commémoration et l'effusion qui en sont les élements et qui sont très minutieusement réglés. Trop minutieusement même et trop régulièrement, trop logiquement sans doute pour que l'effet recherché ne risque pas de faire défaut.

Si la mémoire affective, la vraie mémoire non organisée peut aider l'organisation générale, il est à peine besoin de dire qu'elle peut aussi lui nuire. Son défaut général est d'encourager la vie indépendante des éléments psychiques, de faire revivre en l'esprit des sentiments, des émotions assez inutiles à la vie et qui constituent un vrai gaspillage des forces mentales. Et lorsqu'elle est instinctivement ou volontairement organisée d'une manière régulière et systématique, elle tend peut-être à développer outre mesure le sentimentalisme, la contem-

1. Voir *Monsieur Nicolas*, et spécialement le volume XIII (édition Liseux).

plation intérieure, et ces plaisirs parfois assez vains, ou dangereux par le fossé qu'ils creusent entre la vie réelle et la vie intérieure. Tout cela peut être bon, tout cela peut être mauvais. Le résultat dépend de ce que l'esprit fait, en fin de compte, de ce genre d'activité, il peut y trouver une satisfaction égoïste et qui peut-être n'était pas indispensable à son repos. Il peut s'en servir pour créer une œuvre. Je n'ai pas à insister ici sur ces considérations.

§ III

Nous sommes arrivés en étudiant le rôle de la mémoire affective jusqu'au seuil de la sociologie. Il est bien difficile de n'y pas pénétrer un peu, si nous ne voulons pas laisser cette étude trop incomplète. La mémoire affective a ses équivalents dans la vie sociale. Une bonne part de notre éducation tend à faire revivre en nous les émotions de nos aïeux, des hommes qui ont fait partie de notre famille, habité la même patrie, parlé la même langue, pratiqué la même religion, partagé les mêmes croyances, vécu de la même civilisation, même à des degrés de développement assez différents. Un parallélisme singulier, et qu'on peut pousser loin, s'établit entre les faits psychiques et les faits sociaux.

On peut retrouver quelques faits analogues aux souvenirs affectifs dans les engouements pour une vieille mode, qui se produisent de temps en temps, dans le triomphe momentané de quelque manière de sentir qui dominait il y a plusieurs siècles. Les « renaissances » sous toutes leurs formes peuvent être considérées, partiellement et à certains égards, comme des souvenirs affectifs déterminés par la conservation de certains objets témoins du passé, et qui, à un moment donné, jouent en quelque sorte le rôle d'évocateurs d'une âme disparue. Il semble d'ailleurs que cette sorte de souvenir social soit plus infidèle que le souvenir individuel, ce qui paraît pouvoir s'expliquer assez aisément.

La société emploie aussi des procédés mnémotechniques volontairement et avec méthode. Telles sont les cérémonies où l'on retrace avec émotion les anciens événements, où l'on nous convie à comprendre les âmes d'autrefois, à faire revivre en nous leur patriotisme, leurs vertus, à nous replacer dans une situation depuis longtemps disparue. Telles sont les fêtes nationales, les inaugurations de monuments élevés à de grands hommes, ou en commémoration d'événements importants, et souvent aux lieux mêmes où se sont passés ces événements, les statues qu'on dresse sur nos places publiques. Tout cela constitue des « souvenirs » destinés, en partie au moins, à faire revivre des impressions de jadis, des sentiments d'autrefois. Il en est de même pour les fêtes religieuses ; à certains anniversaires (ressemblance ou identité partielle de temps agissant comme l'identité de lieu) on invite les fidèles à se rappeler les souffrances de certaines époques, ou la joie de la venue d'un dieu sur cette terre. Sans doute ces moyens dégénèrent souvent et ne répondent pas toujours, ou ne répondent pas seulement à leur but essentiel. Il me suffit ici que ce but existe ou ait existé et qu'il soit parfois atteint.

L'histoire est un moyen de faire revivre en nous l'âme du passé et nous ferait retrouver bien des remarques faites tout à l'heure sur la mémoire affective. Sous ses diverses formes, elle répond à des besoins différents. L'histoire systématisée, abstraite, n'a rien à voir avec la mémoire de l'émotion. Elle nous fait comprendre plus que sentir. Elle peut aider à consolider le moi d'une société et, en lui montrant ses origines, lui indiquer dans quel sens elle doit s'orienter pour l'avenir. Mais ceci est de l'organisation, non de la mémoire. L'histoire résurrection, l'histoire à la Michelet, au contraire, réveille bien mieux en nous les sentiments d'autrefois. Par là elle peut exercer une influence plus passionnante et plus active, mais aussi sans doute moins sûre et moins réfléchie. Le souvenir affectif, ici, est bien nettement reconnaissable. Au reste, un livre n'est pas nécessaire pour l'évoquer et il n'y faut pas tant de logique. Il suffit de pénétrer dans Notre-Dame ou d'apercevoir les remparts d'Aigues-Mortes pour se sentir vivre de l'âme du moyen âge (un peu défigurée, je le crois bien). Et même parfois une vieille cuirasse rouillée, une poterie brisée, nous donnent un moment l'illusion d'un passé disparu, nous apportent une bouffée de l'air que respiraient les hommes d'autrefois. Ce qui garde encore ici la plus grande puissance pour évoquer l'image concrète ou le fait affectif précis, c'est le petit détail, c'est le mode d'association un peu illogique plutôt que la recherche directe et le raisonnement parfait. Et sans doute ce mode d'association retrouve ici les avantages et les inconvénients que nous lui connaissons déjà. Il peut servir à fortifier des sentiments nécessaires, à relier les générations dont il régularise la solidarité, mais il peut s'employer aussi à arrêter ou à retarder la vie d'un peuple, et quelquefois à contester au nom d'un passé évanoui les droits de l'inévitable avenir.

§ IV.

Que la mémoire affective intervienne dans la création de l'œuvre d'art, cela est assez connu, et même, si Musset a dit vrai dans ses vers, si

> L'homme n'écrit rien sur le sable
> A l'heure où passe l'aquilon,

le souvenir affectif est bien plus propice à la création que le sentiment dans sa première intensité. Cela est assez vraisemblable.

Le succès d'une œuvre d'art est dû, pour une bonne part, à son action sur la mémoire affective. C'est le charme de certaines œuvres de soulever dans les âmes des souvenirs émus qui intéressent ou qui passionnent. Une œuvre même médiocre, je dirai presque : surtout médiocre, peut obtenir un grand succès si elle réveille des émotions que ses lecteurs ont ressenties autrefois, émotions générales qui furent celles d'une foule ou d'un peuple, ou émotions particulières à chacun de nous[1]. C'est en partie par là que s'explique, si nous négligeons la part de l'idéalisation toujours réelle, le succès de certains écrits sur la guerre, de quelques tableaux de genre, de chromolithographies sentimentales. Mais même des œuvres très hautes agissent de même. Les vers d'amour des grands poètes charment aussi leurs lecteurs en réveillant au cœur de ceux-ci leurs propres émotions, un recueil comme les *Châtiments* rappelle à la surface de la conscience des sentiments, des passions plus ou moins enfoncées dans l'oubli, et qui ressemblent à celles du poète sans être toujours les mêmes. Il n'est pas de mauvais roman qui ne puisse faire remonter jusqu'à nous quelque souvenir tendre ou cruel, et nous pouvons l'aimer pour l'un ou pour l'autre. Assurément, en tout cela, le rôle de l'imagination l'emporte généralement sur celui de la mémoire; celui-ci pourtant n'est pas nul.

Enfin on pourrait montrer la mémoire affective non plus excitée seulement, mais volontairement

1. Ou bien encore, et plutôt même, celles qu'il voudrait avoir ressenties, qui lui paraissent plus hautes ou meilleures que les siennes. Mais ceci concerne l'imagination affective et sort de mon sujet.

provoquée en vue de certains effets par l'artiste. C'est dans les œuvres musicales, dans le drame lyrique spécialement, que nous prendrions nos exemples, il s'en trouverait aussi dans la littérature. On connaît assez l'impression produite par le rappel d'un motif musical, de la situation et des sentiments qui s'y sont associés, dans des circonstances modifiées ou complètement transformées. Plusieurs compositeurs l'ont employé avant que Wagner élargît singulièrement ce procédé en créant le système du leit-motiv, qui est lui-même quelque chose de plus large qu'une utilisation de la mémoire affective, mais qui l'emploie aussi cependant.

J'arrête ici cette étude du souvenir émotif. Elle est incomplète, et, je ne me le dissimule pas, elle contient quelques hypothèses. On pourrait insister bien davantage sur les analogies de la vie psychologique et de la vie sociale. Il me suffit d'avoir précisé — si j'y suis parvenu — la nature et le sens de la mémoire affective, d'avoir apporté quelques faits de plus pour prouver sa réalité, d'avoir étudié quelques-unes de ses transformations et indiqué comment elle est utilisée.

CHAPITRE VI

LA MÉMOIRE EN GÉNÉRAL

§ I.

La mémoire, nous avons eu plusieurs occasions de le vérifier, représente le triomphe des formes psychiques inférieures, de l'association par contiguïté sur l'association systématique, de l'indépendance relative et de l'incohérence des éléments de l'esprit sur leur activité coordonnée.

On a reconnu depuis longtemps les inconvénients d'une mémoire trop fidèle et la nécessité de l'oubli.

Un cas célèbre est celui de la personne, mentionnée par Abercrombie, qui pouvait retenir, après l'avoir lu une seule fois, un document fort long, mais était obligée de se le répéter en entier, depuis le commencement, pour retrouver le renseignement dont elle avait besoin.

Le manque d'organisation éclate ici. Mais un fait de ce genre ne fait qu'illustrer avec un relief tout particulier les inconvénients et le rôle de la mémoire. Il ne la dénature pas, il en démontre seulement, avec une plus grande pureté, la caractéristique. La nature de la mémoire est d'être toujours, à quelque degré, opposée à l'organisation. Cela paraît assez compréhensible si l'on songe que la mémoire est essentiellement une conservation et une reproduction et que la conservation comme la reproduction trop fidèle sont toujours une gêne dans un système vivant où les éléments doivent sans cesse entrer en des combinaisons quelque peu nouvelles. Il ne faut pas considérer la mémoire comme étant un commencement d'organisation que la répétition rapprochera de plus en plus de la perfection. Sans doute, — et nous reviendrons sur ce point — les phénomènes de mémoire présentent toujours un certain caractère d'organisation sans lequel ils ne pourraient même exister, sans doute aussi, comme nous l'avons vu, la synthèse générale de l'esprit parvient à les utiliser, mais cette organisation même et le mode de son utilisation montrent bien le caractère par lequel la mémoire s'oppose à l'organisation générale, comme la vie individuelle des éléments à la vie systématisée de l'ensemble. Un souvenir n'est un souvenir que parce qu'il existe à quelque degré à part du système général de l'esprit, et c'est à ce même degré qu'il a le caractère du souvenir. Cela résulte de ce que nous avons déjà vu, et deviendra, je crois, de plus en plus évident, à mesure que nous avancerons dans notre étude.

§ II.

Le rôle de la mémoire rappelle, à certains égards, celui de l'analyse, ou plutôt se combine avec lui et peut-être ces deux faits peuvent-ils s'éclairer l'un l'autre. Nous avons reconnu ailleurs que la fonction de l'analyse est de dégager de l'expérience certains éléments pour les tenir à la disposition de l'esprit qui les reprendra ensuite et les synthétisera en diverses façons.

Si le fait de dégager ces éléments est une œuvre d'analyse, le fait de les conserver, c'est ce que nous appelons proprement la mémoire. Et l'analyse et la mémoire se combinent ainsi continuellement. Pour qu'un fait psychique quelconque acquière une vie indépendante, pour qu'il existe à part des autres, il faut qu'il en soit distingué, séparé, et c'est là le rôle de l'analyse. La mémoire ne conserve que ce que l'analyse spontanée ou réfléchie a isolé. C'est une perception, une image, une impression séparée des autres, isolée dans la masse des phénomènes qui l'accompagnent, soit par le mécanisme de nos sens qui sont déjà à certains égards, des appareils d'analyse et qui trient dans le monde extérieur certaines excitations, soit par le mécanisme de la perception, ou de l'idéation, spontanée ou réfléchie, par lequel le fait nouveau est rattaché à un système d'idées, d'images, de tendances, qui lui permet de vivre et de se maintenir dans l'esprit. C'est toujours un élément psychique détaché d'un bloc quelconque, isolé de ce bloc par le système analyseur dont j'ai montré ailleurs l'importance. C'est par une analyse, une décomposition, une dissociation, un choix quelconque qu'un élément psychique peut acquérir une vie indépendante et se conserver dans l'esprit. Il est à remarquer que cette vie indépendante ne remplace pas toujours une vie bien systématisée, mais que l'élément psychique est souvent extrait d'une agglomération de phénomènes incohérents, rattachés les uns aux autres par des liens qui les unissent à un même état psycho-physiologique, sans les harmoniser entre eux. Les différentes perceptions de la vue, du tact, de l'ouïe que nous éprouvons à la fois et qui peuvent se rappeler l'une l'autre parce qu'elles sont unies à une même cénesthésie ne sont pas toujours harmoniquement unies entre elles et c'est un des travaux de l'intelligence d'éprouver leurs associations, de les dissoudre, de les fortifier ou de les perfectionner.

§ III.

Si la mémoire suppose l'analyse, il n'est pas moins vrai que l'analyse suppose la mémoire. Elle ne peut s'exercer que sur ce qui persiste déjà dans l'esprit, elle ne peut laisser vivre ou faire vivre, en le triant, en l'isolant, en l'encadrant même à quelque degré que ce qui vit déjà.

Il serait oiseux de pousser plus loin, et on pourrait aller jusqu'à l'infini, la recherche de l'opération primitive. Mais les remarques que je viens de faire nous conduisent à une constatation plus importante : c'est que, généralement, les opérations et aussi ce qu'on appelait jadis et ce qu'on peut très bien continuer, si l'on veut, à appeler les facultés de l'esprit, sont non pas des phénomènes séparés et distincts ou des causes séparées et distinctes des phénomènes, mais bien des éléments de phénomènes ou des aspects différents, et d'importance variable selon les cas, sous lesquels nous considérons les phénomènes psychiques.

En d'autres termes, un même phénomène peut être envisagé, selon la façon dont nous l'examinons, selon ce que nous voulons remarquer en lui, comme un fait de sensibilité, d'intelligence ou de volonté, comme une opération de jugement, ou comme un fait de mémoire, comme une analyse et comme une synthèse. J'ai tâché de montrer dans un travail précédent que l'analyse et la synthèse s'impliquent et ne peuvent aller l'une sans l'autre. Il faut généraliser et dire que la mémoire et l'analyse s'impliquent aussi, et de même, bien que la mémoire s'oppose à l'organisation générale de l'esprit, la mémoire et la synthèse, et aussi la mémoire et l'intelligence, la mémoire et la volonté, de même que nous trouvons dans un même fait à la fois de l'imitation, de la routine et de l'invention, ou bien de l'automatisme, de la suggestion et de la volonté[1].

On a considéré pendant bien longtemps les différents aspects de la vie psychique, les volitions, les idées, les sentiments comme étant des faits distincts, des événements concrets différents. Il y a là, je crois, une erreur considérable. Ce qu'on a pris pour des faits différents ce sont les différents points de vue auxquels nous nous plaçons pour considérer un même fait ou bien encore, en d'autres cas, les différents éléments, généralement inséparables, d'un même fait concret. Comme ces éléments sont en proportion variable, comme aussi il est plus utile et plus facile de considérer différents faits à des points de vue différents, l'erreur commise était assez naturelle et a dû être utile. Mais il est utile aussi, maintenant, de reconnaître sa vraie nature.

Au reste, je ne veux pas traiter ici la question dans sa généralité. Peut-être aurais-je à faire, en ce cas, certaines réserves, à préciser certaines interprétations, à établir des distinctions. Mais ce n'est pas le moment de nous occuper de cela. Il me suffit donc de montrer la mémoire unie à l'analyse, comme je l'ai montrée ailleurs unie à l'imagination et à la volonté. J'ai en effet essayé de faire voir ailleurs que l'invention et la routine, la volonté et l'automatisme étaient continuellement mêlés. Or, il n'est pas douteux que la routine et l'automatisme sont, à

1. Voir à ce propos ma *Psychologie de l'invention* (Paris F. Alcan), et mon livre sur la *Volonté* (Paris. Doin).

certains égards, ou peuvent être des formes de la mémoire.

§ IV.

Comme ceci pourrait paraître contredire en partie ce qui précède, je tiens à m'y arrêter un peu.

J'ai constamment, en effet, opposé la mémoire à l'organisation. Or, la routine et l'automatisme sont des formes très systématisées de l'activité psychique. Peut-être croira-t-on trouver en cela quelque contradiction. Quelques réflexions suffiront, je crois, à écarter ce reproche, et peut-être aussi pourront-elles servir à préciser les rapports de l'organisation et de la mémoire.

Tout d'abord j'ai reconnu et dit déjà qu'il y a toujours quelque organisation dans le fait psychique quelconque dont la conservation et la reproduction constituent un acte de mémoire. Peu importe que ce fait soit plus ou moins systématisé, sa conservation et sa reproduction n'en seront pas moins des actes de mémoire.

L'opposition de la mémoire et de l'organisation ne consiste pas en ce que la mémoire ne reproduirait que des faits non entièrement organisés en eux-mêmes, encore que ce soit bien souvent le cas. Elle consiste surtout en ce que les faits reproduits ou conservés ne sont pas systématisés parfaitement avec le reste de l'esprit. Leur harmonie interne ou leur degré de coordination avec d'autres faits mentaux peut être d'ailleurs très variable, et aller de l'incohérence presque absolue à la systématisation presque parfaite. Et il faut appliquer ici ce que nous disions tout à l'heure des formes psychiques. Il y a à la fois, dans un même fait, de la mémoire et de l'organisation. Tout fait psychique répète un autre fait psychique à certains égards, à certains égards tout fait psychique est nouveau et n'est identique qu'à lui-même. Et de même tout fait psychique est quelque peu adapté à l'ensemble dont il fait partie et aucun n'y est absolument adapté. Il y a donc partout à la fois de l'organisation et de la mémoire. L'une et l'autre ont certaines conditions communes et certains caractères semblables. Mais à d'autres égards, elles s'opposent et l'une augmente d'autant que l'autre diminue.

Mais de ce que la routine, l'automatisme sont des actes bien systématisés en eux-mêmes, il ne s'ensuit pas qu'ils soient forcément bien systématisés avec l'ensemble de l'esprit. C'est même souvent une raison pour qu'ils ne le soient pas. Car un élément psychique bien systématisé, ou un groupe bien systématisé d'éléments a une individualité facilement gênante, et offre plus de résistance aux tentatives d'assimilation. Ainsi un individu dont la personnalité est très forte se trouve assez souvent en désaccord avec son milieu social.

Or la routine, l'automatisme, c'est-à-dire la répétition, toujours sous la même forme, des mêmes paroles, des mêmes sentiments, des mêmes actes, dans un enchaînement immuable, est en elle-même un élément de désharmonie dans un être qui, en voie d'évolution, comme l'homme, a le devoir de s'adapter à des circonstances continuellement variables, et, de plus, de s'adapter de mieux en mieux à un ensemble de circonstances. Les habitudes, les réflexes en tant que répétés et vivant d'une existence indépendante sont évidemment un danger constant pour l'adaptation.

Sans doute ils sont aussi indispensables à cette même organisation, seulement, en tant qu'ils s'y soumettent et qu'ils la perfectionnent, ils ne sont plus, à proprement parler, des faits de mémoire. Il faut leur appliquer ce que nous avons dit plus haut des émotions répétées, ou des idées renaissantes qui ne doivent plus être considérées comme des faits de mémoire quand elles ont acquis un certain degré de systématisation dans leurs rapports avec l'ensemble de l'esprit. Il me semble que cela suffit à préciser ce que je veux dire quand je parle de l'automatisme et de la routine comme étant à certains égards, ou dans certains cas, des faits de mémoire, et à écarter le reproche de contradiction. Et nous y trouvons, ce me semble, une nouvelle occasion de voir comment les faits que nous avons appelés de noms différents se fondent insensiblement les uns dans les autres, comment ils se contiennent réciproquement, combien leurs oppositions même leur servent à s'entr'aider, et comment aussi leur harmonie peut les amener à s'opposer les uns aux autres.

§ V.

Nous nous rendons encore mieux compte des rapports de l'organisation et de la mémoire et de leur opposition en remarquant que la routine et l'automatisme représentent généralement le résultat d'une évolution plus ou moins longue pendant laquelle la mémoire a reculé peu à peu devant l'organisation. Au début, l'acte qui est maintenant automatique, l'opinion, l'ensemble d'idées, de croyances, de sentiments qui est devenu routinier, n'avaient pas la même apparence qu'aujourd'hui. Ils comprenaient bien des éléments qui ont dû être expulsés peu à peu. Il y avait des hésitations, des tâtonnements, des réflexions qui sont devenues inutiles, des ébauches de gestes ou de pensée, des émotions secondaires, des impressions, des réflexions qui ont peu à peu disparu. A mesure que l'acte, ou l'idée, ou le sentiment se répétait, il se transformait aussi, sous la pression de l'organisation générale de l'esprit et de quelques éléments psychiques, tendances, désirs ou idées en particulier, pour s'adapter de mieux en mieux aux nécessités de la vie mentale. La mémoire s'affaiblissait donc chaque fois et l'organisation gagnait à peu près ce qu'elle perdait. Le phénomène abandonnait de plus en plus son caractère de répétition pour prendre celui d'élément organisé.

Mais une fois qu'il est ainsi réduit à ce qu'il a

d'essentiel et d'utile et que l'habitude l'a fixé, il se peut que de nouveaux changements dans le milieu social, et par suite dans le milieu psychique, dans l'esprit dont il fait partie, tendent à le faire modifier encore. Seulement il a souvent perdu sa souplesse primitive. Il ne peut plus s'assimiler les éléments nouveaux qui s'offrent à lui, et rompre les vieilles associations qui unissent ses propres éléments. Alors la désorganisation commence. Il continue à se répéter tel qu'il était, et comme son milieu a changé, son adaptation n'est plus aussi bonne. Il est devenu une survivance et nous le voyons reprendre son caractère depuis longtemps disparu, de répétition incohérente. Nous pouvons le considérer de nouveau comme un fait de mémoire. Il s'oppose de nouveau au système général, et il faudrait une nouvelle évolution, analogue à la première, mais qui ne peut pas toujours s'accomplir, pour qu'il redevînt un élément organisé.

Ainsi la mémoire s'oppose encore ici à l'organisation, et ici encore elle lui est nécessaire, car c'est sur ces éléments conservés que peuvent agir les tendances, pour les modifier et les adapter de nouveau. Le processus peut ainsi recommencer indéfiniment, dans la mesure où le permet la souplesse de l'esprit et la continuation de la vie. Mais comme les générations en se succédant, se transmettent par une foule de moyens, l'hérédité, l'exemple, l'éducation, les livres, les causeries, et toujours imparfaitement, mais toujours avec quelque efficacité, leurs idées, leurs sentiments et leurs habitudes, on peut considérer que, dans une société qui subsiste, le processus ne s'arrête pas.

§ VI.

Prenons quelques exemples concrets, nous pourrons y suivre la marche du phénomène et y voir, en action la mémoire et les influences qui la combattent et qui s'en servent. Je choisis d'abord un fait qui m'a déjà servi dans le cours de ce travail.

Il y a bien longtemps, je lisais ou je relisais un livre de Huxley. C'était dans une ville de province, au printemps, dans une petite chambre donnant sur un jardin, et que je me rappelle assez bien. Le livre traitait de questions scientifiques et m'intéressait fort. Ma lecture était cependant entremêlée et coupée de pensées, d'impressions diverses d'ordre différent et dont le souvenir, intellectuel et affectif, me revient encore. Voilà un fait de mémoire complexe, et, à certains égards, un peu confus. Bien des éléments en ont disparu. Je sais bien encore le titre du livre, et je connais à peu près le sujet de certains des essais qui le composent, je me rappelle aussi certains faits qui y sont exposés et quelques théories défendues par l'auteur, mais j'ai oublié bien des parties de l'ouvrage, et une bonne part des réflexions que je faisais et des impressions que j'éprouvais alors. J'ai oublié aussi les dates exactes de mes lectures et bien d'autres détails accessoires. Et j'ai oublié sans doute encore une assez grande quantité de petits événements que je n'ai pas même l'idée d'avoir oubliés. De plus il y a eu une dissociation, une analyse des éléments du fait primitif et une assimilation, correspondant à quelque degré à cette décomposition, de quelques-uns au moins de ces éléments. Voyons un peu ce qui s'est passé.

La tranche de vie mentale, l'ensemble de phénomènes agglomérés que je viens d'indiquer a formé tant bien que mal un tout, malgré l'hétérogénéité de ses éléments, une sorte de paquet de faits mal harmonisés mais agglutinés ensemble. La preuve en est qu'il a subsisté dans ses lignes générales, en perdant beaucoup de ses éléments, sans doute, mais en en conservant de discordants, de très mal harmonisés. Il a été pris, à un moment donné, dans le réseau de l'esprit, il a été associé à une cénesthésie spéciale, à un ensemble de sensations organiques, de phénomènes plus ou moins conscients, à un système bio-psychique représentant ma personnalité d'alors qui l'a conservé dans sa forme incohérente, mais il a éprouvé de sérieuses modifications.

D'abord, comme je viens de l'indiquer, il a subi des pertes inévitables, il a été démembré par ces oublis dont on a pu dire qu'ils étaient nécessaires, non seulement au fonctionnement de l'esprit, mais à l'exercice même de la mémoire. Beaucoup de sensations, d'impressions, d'images, d'idées ont disparu sans laisser de trace appréciable, et ne revivent pas si j'essaye de me remémorer mon état d'alors. C'est une question de savoir s'ils sont complètement effacés ou si des circonstances exceptionnelles pourraient les faire apparaître de nouveau. La folie, l'hypnose, la désorganisation de l'esprit peuvent, on le sait, laisser revivre des modes d'activité qui semblaient à jamais abolis. Il semble donc que l'empreinte reçue ne s'efface jamais complètement, mais, en somme, nous ne savons rien de bien précis sur cette question.

La disparition de quelques éléments donne au souvenir un caractère imprécis. Il est vraisemblable que je n'ai pas lu le livre en une seule fois. Mais combien de fois ai-je dû le reprendre ? Je n'en sais rien. Sur combien de jours ma lecture s'est-elle répartie ? Les mêmes impressions, ou des impressions analogues ont-elles accompagné ou entrecoupé toutes ces reprises ? Elles devaient différer, comment et pourquoi ? A quelles heures de la journée mes lectures ont-elles eu lieu ? J'ignore tout cela. J'ai une vague impression d'après-midi, mais son exactitude reste douteuse. Je me rappelle aussi que j'ai lu (est-ce toujours ?) sur une chaise longue recouverte, je crois, d'une housse blanche à minces raies rouges. Il me semble bien que cette chaise longue était dans un coin de la chambre, à gauche de la fenêtre. Je devais avoir une commode surmontée d'une glace en face de moi. Mais il se peut très bien que je me trompe sur beaucoup de points.

L'ensemble du fait, disons même des faits, s'est

ainsi usé, amoindri, dépouillé, il s'est ramené à des impressions de plus en plus abstraites, générales et vagues. Il s'est aussi concentré et à certains égards, systématisé. Certaines associations ont persisté et se sont peut-être fortifiées, dans le désarroi général. Un grand nombre d'impressions diverses se sont réunies dans une sorte de souvenir d'ensemble, se sont comme fondues en un état unique où elles ont disparu, ne laissant qu'une sorte de squelette décharné mais reconnaissable : le souvenir de *la* lecture d'*un* livre, unie à des impressions tout à fait différentes pour lesquelles le même travail s'est opéré. Peut-être ce qui m'en reste est-il un résidu analogue à une photographie composite qui se serait abstraite et décharnée en se généralisant. Peut-être aussi quelque souvenir a-t-il principalement survécu, est-il devenu le symbole d'une série interrompue. Les deux procédés ont dû se combiner sans doute.

§ VII

Autre côté du processus : divers éléments ont été absorbés par des systèmes de pensées et de tendances et ne sont plus évoqués selon la contigüité par d'autres éléments avec lesquels ils ont été mêlés au début. J'ai puisé sans doute dans ma lecture quelques connaissances, quelques renseignements qui se sont organisés dans des ensembles de connaissances du même ordre et que je ne reconnais plus comme ayant été acquis au moment dont je parle. Je ne puis trop dire quelles sont celles-là, mais ce que je constate pour bien des choses que je sais, c'est que j'ignore complètement quand et comment je les ai apprises. Sans doute en y réfléchissant, je retrouve bien quelques associations, je rattache telle ou telle connaissance à telle ou telle époque de ma vie, mais il me faut réfléchir, raisonner, chercher en dehors de moi des renseignements. Les associations primitives par contiguïté ont été rompues, la mémoire a fléchi devant l'organisation. Alors même que ces associations primitives n'ont pas tout à fait disparu, elles se sont si affaiblies qu'elles ne se manifestent plus spontanément. Il faut que j'aie besoin d'elles et que je les évoque volontairement ou presque volontairement. Dans un cas donné il peut m'être utile de savoir en quelle année, de quel professeur ou dans quelle salle de lycée, j'ai appris la définition du triangle rectangle. Simplement, cela peut m'amuser. En raisonnant, et avec quelques recherches j'arriverai à retrouver ce renseignement. Mais spontanément et si je pense au triangle rectangle et à ses propriétés je ne me le rappelle pas en général. La notion que j'ai de ce triangle s'est détachée presque complètement des circonstances accessoires de temps, de lieu, etc. qui ont agi sur mon esprit en même temps qu'elle y arrivait pour la première fois. Elle s'est, au contraire, étroitement associée à d'autres idées du même ordre, à un ensemble de notions sur la géométrie, acquises peu à peu, en des temps et en des lieux différents. Elles aussi sont arrivées à moi avec une grande quantité de perceptions, d'idées, d'impressions différentes dont elles se sont également séparées pour s'organiser ensemble et à part.

Vraisemblablement, bien que je ne puisse à cet égard, être très précis, plusieurs idées, plusieurs notions entrées ainsi dans mon esprit, ou recueillies et consolidées par la lecture du livre d'Huxley se sont détachées des autres éléments psychiques qui les accompagnaient pour s'associer avec d'autres idées, d'autres tendances intellectuelles qui les ont assez étroitement tenues pour que leurs rapports avec les premiers se soient relâchés ou rompus. Elles ont sûrement enrichi ou développé certaines connaissances que j'avais déjà. Et je me rappelle avoir conservé ainsi plusieurs faits que j'ai utilisés plus tard. Ils avaient au moins assez bien subsisté dans ma mémoire pour que j'aie su où les retrouver, et je les ai employés en les engageant encore dans un système nouveau de faits et de considérations théoriques qui m'étaient personnelles et qu'ils ont servi à fortifier, peut-être à créer en partie. Et ils se dégageaient de plus en plus des éléments qui les avaient accompagnés d'abord, de ceux au moins qui ne pouvaient entrer dans le système nouveau, tandis que ceux qui devaient le consolider étaient au contraire fortifiés ou ramenés dans la conscience par le retour au livre qui devait me fournir tous les détails du fait, et, au besoin, des citations exactes et précises.

§ VIII

C'est là un des grands aspects de la lutte de la systématisation mentale contre la mémoire et une part importante de la vie de l'esprit. Les impressions qui arrivent à l'esprit de divers côtés, quoique hétérogènes, forment souvent un tout, une agglomération plus ou moins unifiée, grâce à leur association avec le moi du moment, à la cénesthésie qu'elles rencontrent. Elles tendent à former un groupe indépendant, mais elles sont vite séparées, dissociées, par des systèmes différents. Les unes vont d'un côté, les autres de l'autre. Et cependant tous leurs rapports ne sont pas rompus, et elles peuvent dans une certaine mesure, très variable, et qui souvent va diminuant, s'évoquer encore l'une l'autre. Ce travail d'organisation est infiniment souple et compliqué. Les nouveaux états qui se forment ainsi se trouvent, quoique mieux harmonisés en général, dans la même situation que le premier. Eux aussi tendent à subsister, à vivre d'une existence indépendante, à persister tels quels, et eux aussi, sont attaqués de nouveau, dissociés encore, et en tout cas englobés dans de nouveaux systèmes qui recommencent de même. La lutte de la mémoire contre la systématisation reprend sans cesse sous des formes nouvelles, elle ne se termine jamais tant que l'esprit dure ou se développe, et l'on peut la retrouver partout et toujours dans cette vie.

Cette association continue, cette analyse préparant sans cesse de nouvelles synthèses, s'accompagne en général d'une sorte de concentration. Nous avons déjà dû la signaler. Elle est un fait important. A mesure que se détachent d'une façon temporaire ou définitive, généralement définitive pour plusieurs d'entre eux, les faits accessoires, secondaires, incohérents, l'ensemble du phénomène primitif, se précise, devient plus net, plus accusé comme le dessin des branches d'un arbre en hiver quand les feuilles sont tombées. Après avoir lu un livre, nous pouvons être incapables de nous rappeler un grand nombre des détails qu'il contient, des faits relatés, des idées émises. Il nous reste tout de même une idée d'ensemble, que nous pouvons selon le cas, traduire par une conception générale, ou bien par l'expression d'une émotion. J'ai lu par exemple les ouvrages de Fustel de Coulanges sur les origines des institutions de la France. J'ai oublié bien des faits, bien des théories même, mais je me souviens très bien que le but général de l'auteur était de montrer la part immense qu'ont eues les institutions romaines dans la formation et le développement du régime féodal. Il me revient aussi quelques idées sur la monarchie franque, sur le colonat, l'alleu, le bénéfice et ses transformations. Tout cela se résume ou se condense en une certaine attitude mentale abstraite, en un concept général, concentré et résumé qui unit dans une même impression le contenu varié de plusieurs gros volumes. Il me reste en outre la possibilité de retrouver le reste en recourant à ces volumes mêmes. Toutes les impressions, les idées, les perceptions que j'ai eues en lisant, opération qui s'est interrompue à plusieurs fois, reprise ensuite, et qui s'est répartie sur plusieurs années, puisque je lisais les volumes, autant qu'il m'en souvient, lorsqu'ils paraissaient, tous ces faits si divers se sont condensés et unifiés en une impression d'ensemble, abstraite et assez précise, singulièrement appauvrie, mais capable d'être reconstituée, et de revenir à un état semblable à son état primitif, un peu par la réflexion et surtout par une nouvelle lecture, ou par le fait de de consulter certaines parties de l'ouvrage si j'ai besoin de restaurer en particulier quelques idées.

Ainsi d'une part une idée nouvelle se constitue par la constatation de quelques formes abstraites, accompagnées en général de quelques faits concrets, et parfois symbolisée chez certains esprits qui répugnent aux abstractions, par des images plus colorées et d'aspect plus vivant. D'autre part, la dissociation des phénomènes et leur répartition entre différentes synthèses déjà existantes qu'ils enrichissent, qu'ils développent ou qu'ils contribuent à former. Voilà l'action de la systématisation mentale sur les faits qui se produisent à chaque instant dans l'esprit, voilà les résultats de la lutte de l'organisation contre la persistance des éléments mentaux et de leurs groupes. Et les produits de cette action sont de nouveau et continuellement soumis à une action semblable. J'ai dû prendre pour être plus clair des exemples concrets. Il serait facile de les varier en les multipliant. Au lieu d'une lecture scientifique ou historique on pourrait choisir la lecture d'une poésie, d'un volume de vers ou d'un roman. Nous pourrions aussi considérer un fragment de notre vie, penser à une série d'actions, de sentiments, à un voyage, à une liaison amicale ou amoureuse, et ce seraient toujours les mêmes caractères généraux que nous retrouverions. Il n'y a là, je crois, aucune difficulté grave. Nous pourrions encore prendre comme sujet d'étude notre vie entière et alors ce que nous trouverions comme concept d'ensemble résultant de toutes nos expériences, ce ne serait rien moins que l'idée même, la conscience obscure ou lumineuse de notre personnalité.

§ IX.

Nous avons considéré surtout les phénomènes intellectuels, cependant notre étude les a dépassés, et en tout cas, nous arrivons aux mêmes conclusions par l'examen des phénomènes affectifs ou des faits de l'activité motrice.

Nos sentiments ne se maintiennent pas plus que nos idées exactement identiques à eux-mêmes, et quand ils reparaissent après s'être éclipsés, ils ont toujours subi quelques modifications. Nos impressions diverses, nos idées, nos perceptions, la mise en jeu de quelques sentiments nouveaux les empêchent de vivre sans varier, en supposant même que cela fût abstraitement possible. Une personne nous est sympathique, nous la voyons faire une action qui nous déplaît, et voilà notre sympathie amoindrie ou tout au moins troublée. Un sentiment évolue ou décroît toujours, il se développe, il s'amoindrit, il se nuance de jalousie ou de reconnaissance, de mépris ou d'orgueil, d'admiration ou de pitié. Alors même que son fond, son squelette abstrait resterait identique, et que l'intensité n'en varierait pas sensiblement, sa nature concrète est sans cesse transformée par les petites émotions nouvelles qui en naissent ou qui s'y joignent.

Souvent ces changements restent associés dans la mémoire aux états de conscience qui les ont provoqués. Nous savons que notre estime pour tel homme politique s'est affaiblie le jour où il s'est mal défendu contre une accusation de vénalité. Mais en bien des cas aussi l'association de l'effet et de la cause se brise ou se relâche, surtout quand notre attention n'a pas été spécialement attirée sur elle.

Cela n'empêche pas la modification du sentiment de persister. On ne sait pas toujours très bien comment ni pourquoi quelque vieille amitié s'est refroidie. Ce changement est dû à des causes dont quelques-unes restent ignorées, dont quelques autres ont été remarquées au moment même où elles ont agi sans que le souvenir de leur action se soit conservé. La mémoire a disparu devant l'organisation. La dissociation des éléments divers, amalgamés d'abord, s'est produite. Quelques-uns de ces éléments ont disparu, pendant que les autres, séparés de ceux-ci, prenaient une place particulière dans la vie de l'esprit.

Le sentiment modifié sera d'ailleurs comme le sentiment primitif exposé à des attaques nouvelles et incessantes. Il tendra, par sa constitution même, et parce qu'il existe, à persister, mais des forces différentes agissent sans cesse sur lui pour le supprimer, le diminuer, le développer ou le transformer. Ce conflit de forces différentes engendre continuellement des résultantes nouvelles.

Comme le phénomène intellectuel, le phénomène affectif s'abstrait et se concentre en se dépouillant de bien des éléments non essentiels qui l'ont accompagné et qui, à un certain moment ont aidé à constituer l'ensemble dont il faisait partie. Une amitié, un amour, une ambition sont des résidus de milliers de sentiments, d'émotions, d'impressions diverses, chacun de ces faits ayant été étroitement associé à des perceptions, à des images très variées. Il est impossible de dire combien d'émotions de chaque jour, d'actes, d'idées représente un sentiment qui subsiste ou se développe pendant des années : l'affection d'un fils pour sa mère, ou l'ambition d'un homme politique qui d'avocat devient conseiller municipal, conseiller général, député puis ministre.

Beaucoup de ces émotions, de ces actes, de ces expériences quotidiennes sont oubliés, ne reparaissent plus à la conscience, le sentiment lui-même dure cependant, s'affirme, s'organise, se développe et se transforme. L'amour filial passe du sentiment de la protection reçue à celui de la protection offerte, l'ambition change d'objet, se précise, se hausse et s'affermit. Il n'en subsiste pas moins une certaine direction d'ensemble, et un état d'âme général correspondant non seulement au sentiment de l'heure présente, mais à la lente évolution de ce sentiment, à tout ce qu'il a conservé du passé, à ce qu'ont laissé dans l'âme même les émotions et les images dont on ne se souvient plus. Et toutes ces transformations sont encore des résultats de la lutte de l'organisation contre la persistance des états de l'esprit, de la systématisation contre la mémoire. D'ailleurs, cette lutte peut être plus ou moins heureuse pour l'un ou pour l'autre des antagonistes. Nous avons vu tout à l'heure qu'un sentiment pouvait croître et se développer en se conservant par le souvenir. En certains cas c'est là le triomphe d'un élément psychique sur l'ensemble de l'organisation mentale. D'autres fois l'organisation même peut y trouver son profit, comme cela me paraît ressortir de la première partie de ce travail.

Il se peut que trop de souvenirs concrets demeurent et gênent l'adaptation progressive de l'esprit à mesure que les conditions de la vie changent autour de lui. Il se peut aussi qu'il ne reste pas assez de ces souvenirs, qu'une adaptation trop complète aux conditions du moment ne laisse pas survivre des impressions passées dont la persistance ou le retour auraient pu être plus tard désirables et qu'une adaptation trop complète à des circonstances actuelles nuise à l'adaptation future. Le processus général n'en est pas moins toujours le même, et tout à fait analogue dans l'ordre affectif à ce que nous l'avons trouvé dans l'ordre intellectuel, avec ses deux grandes manifestations : la dissociation des éléments unis dans un *ensemble psychologique*, et la conservation d'une sorte de réalité générale et abstraite, de squelette vivant, représentant avec plus ou moins de fidélité, une immense quantité de phénomènes dont quelques-uns subsistent encore ou peuvent être rappelés, dont un grand nombre ont pour jamais disparu dans l'oubli.

§ X.

Un autre mode de dissociation du souvenir, une autre forme de la lutte de la mémoire et de l'organisation nous est offerte par la modification des actes et de la conduite. Elle se rattache évidemment de très près à la modification des idées et des sentiments.

Toutes les expériences que nous faisons, toutes nos émotions, nos idées, nos impressions, nos perceptions mêmes tendent à déterminer dans quelque mesure, l'orientation générale ou les détails de notre conduite, à nous inviter à certains actes, à modifier nos manières de réagir, nos habitudes, à leur donner l'occasion de s'exercer, à les empêcher d'entrer en activité. La douleur éprouvée en avalant une cuillerée de potage trop chaud nous apprend à ne pas nous hâter, manquer d'être écrasé par une voiture modère la marche et nous rend prudents. Parfois encore, nous pouvons savoir à quelle occasion s'est produite la transformation ou la naissance de nos habitudes. Bien qu'un grand nombre de détails aient été perdus, une partie de l'association par contiguïté primitive a pu se conserver. Je me souviens qu'un jour, dans mon enfance, je me suis brûlé le doigt en l'appuyant, sur une barre de fer dont l'extrémité était rougie au feu, trop près de la partie la plus chaude. J'appris ainsi que le fer pouvait, sans être porté au rouge, être assez chaud pour nous faire souffrir, et mes habitudes se ressentirent de cette découverte. Bien des circonstances de ce petit événement ont disparu de mon esprit et je ne pourrais dire la longueur de la tige de fer, l'heure, le jour ni même l'année où je me suis brûlé; je me rappelle le fait même, sous sa forme abstraite, et ma douleur un peu étonnée. Mais d'autres faits ont pu agir comme celui-là et contribuer de la même manière à régler ma conduite et je les ai oubliés. Pour beaucoup d'autres manières d'être je ne saurais dire aucun fait précis qui ait aidé à les créer, et de même pour beaucoup de faits concrets que je pourrais me rappeler, je ne pourrais savoir comment et jusqu'à quel point ils sont intervenus pour diriger mes actes et former mon caractère.

Nous ne nous rappelons pas davantage les actes qui, peu à peu, par leur organisation, par leur simplification, construisent nos tendances. Tous les pas que nous avons faits ou ébauchés avant de pouvoir marcher, nous les avons à peu près oubliés, les premières cigarettes que nous avons fumées, les alphabets épelés, que nous en reste-t-il? Quelques vagues images très incomplètes, quelques impressions conservées, on ne sait trop pourquoi, à travers la vie. Qu'est-ce que tout cela, en comparaison de tous les mouvements oubliés, de tous les actes disparus?

En revanche, la tendance qu'ils ont créée s'est maintenue souvent et développée. Et nous retrouvons ici sous une forme plus aisément visible à la plupart des observateurs, ces états abstraits et généraux dont la formation est un des grands effets de la lutte de l'organisation contre la mémoire et que nous avons déjà rencontrés dans l'ordre intellectuel et dans l'ordre affectif. Nos habitudes, nos tendances sont, dans l'ordre de l'action, l'équivalent de nos idées générales et de nos sentiments abstraits. Elles marquent une disposition à l'action qui s'incarnera dans des séries d'actes et qui peut aussi se combiner avec d'autres tendances. Sans se réaliser elle-même, elle agira sur les autres pour les modifier, pour en arrêter comme pour en faciliter le développement.

De même nos idées générales et nos sentiments abstraits peuvent s'incarner dans des images plus concrètes ou dans des états affectifs plus spéciaux, comme ils peuvent, sans se concréter, influencer le développement des autres états de l'esprit. Je n'ai pas besoin de penser à tous les gens dont j'ai appris la mort pour être certain de mourir un jour moi-même, ou d'évoquer des impressions concrètes, des émotions déjà éprouvées pour éviter un acte qui froisserait une personne que j'aime, et je n'ai pas besoin non plus de penser à aucune expérience concrète pour marcher ou pour éviter un tramway dans la rue.

Visiblement, en certains cas, un fait quelconque, une émotion, une impression un peu vive, une réflexion parfois ébauche immédiatement une tendance. La saveur agréable que nous trouvons à un fruit la première fois que nous le goûtons nous dispose à en manger de nouveau quand l'occasion s'en présentera, et même à provoquer cette occasion. Nous constaterons la formation de cette tendance en disant : « J'aime ce fruit ». Bien entendu l'occasion concrète qui détermine cette formation n'en est qu'un facteur parmi beaucoup d'autres. Elle agit en se combinant aux tendances déjà existantes, à qui elle donne une forme nouvelle, plus concrète ou plus spéciale. Si la vue d'un tableau fait naître une vocation de peintre, c'est que des conditions de cette vocation existaient déjà, que des aptitudes encore ignorées reposaient depuis longtemps dans le cerveau du futur artiste. Et à défaut de cette occasion, une autre très probablement les aurait fait épanouir. Cependant ce rôle de l'occasion peut varier beaucoup et prendre une importance considérable pour déterminer telle ou telle forme de tendances chez un esprit riche, et assez sensible.

La lutte de l'organisation contre la persistance et le retour des agglomérations d'états de conscience tels qu'ils se sont produits présente donc partout les mêmes caractères. Nos actes, comme nos sentiments et nos pensées s'oublient et disparaissent en laissant une trace, une forme générale qui se développe et se condense en s'adaptant à de nouvelles circonstances, en se compliquant à certains égards, mais en se dépouillant des petits faits concrets, des formes spéciales qui les accompagnent ou les revêtent d'abord. Ils ne se rapprochent de l'état parfait qu'à cette condition. Non seulement les tâtonnements du début doivent disparaître, mais souvent aussi les détails de nos premières actions qui doivent être remplacés par d'autres, et disparaître de l'esprit où ils sont inutiles quand ils ne deviennent pas dangereux.

§ XI.

Nous pouvons apprécier maintenant l'ensemble de l'évolution par laquelle l'organisation se substitue à la mémoire. Les éléments psychiques variés, hétérogènes, incohérents sont unis à chaque instant par leurs relations de contiguïté, ou plutôt de simultanéité. Ils sont rattachés les uns aux autres par l'unité de la cénesthésie, par l'ensemble systématisé, en partie conscient et inconscient en grande partie, que produisent à chaque instant le fonctionnement de l'esprit et du corps, la vie mentale et la vie organique. Cet état systématisé qui n'est pas suffisamment connu encore, malgré son importance, ni même suffisamment désigné, qui se manifeste à notre sens intime par le sentiment de l'unité actuelle du moi, et que j'ai déjà dû signaler plusieurs fois dans cette étude, forme une sorte de réseau vivant, un système actif. Il embrasse et unit, dans une certaine mesure, des impressions, des perceptions, des émotions, des idées, qui arrivent à l'esprit à peu près en même temps et forme ainsi une sorte de conglomérat psychique. Il est ainsi, sans doute, une des principales causes de l'association par contiguïté qui se ramène dans tous les cas, à une association systématique élémentaire. Une impression, en rappelle une autre, qui n'a rien à faire avec elle, par l'intermédiaire de l'état cénesthésique commun auxquels elles sont toutes deux rattachées si elles se sont produites en même temps. Cet état crée donc une tendance de toutes les impressions simultanées ou successives à renaître ensemble, quand elles se rattachent à lui et parce qu'elles s'y rattachent, il tend à les maintenir associées, par sa systématisation propre et par les liens qui l'unissent à chacune d'entre elles. Quand un des éléments unis par lui vient à reparaître dans l'esprit, il tend à y rappeler aussi les autres, et quand il y réussit, c'est un fait de mémoire qui se produit.

Mais bien des causes viennent affaiblir ou ruiner cette influence de la contiguïté, cette force systématique élémentaire maintenant unis des phénomènes psychiques que la vie de l'esprit utilisera bien mieux en les séparant. Et peu à peu, en effet, ces éléments se dissocient, s'égrènent, suivent des fortunes différentes. Il en est un grand nombre qui disparaissent et qu'on ne revoit plus. Ce sont en général les plus faibles, ceux qui ne se sont produits qu'une fois, qui n'ont tenu aucune place importante dans la vie, qui ne serviraient plus à rien. Peut-être ont-ils laissé quelque trace et ne sont-ils pas morts tout entiers ; peut-être quelques parcelles en subsistent encore, à peu près invisibles, méconnues, capables pourtant de ressusciter la vision oubliée, l'émotion disparue. Mais pratiquement, ils n'existent plus.

D'autres ont survécu, mais se sont séparés du groupe primitif. Ils sont allés s'associer à d'autres systèmes, comme des hommes qui ont laissé pour toujours leurs camarades de classe et font leur tâche sociale sans s'occuper d'eux. Les images, les idées se sont incorporées à des théories, à des créations existant déjà et qu'elles ont complétées. Avec les émotions et les sentiments elles ont transformé notre manière de penser, de sentir et d'agir. En se combinant aux tendances déjà organisées, en les développant, en les modifiant, en les arrêtant, ces éléments ont provoqué toute une série de phénomènes coordonnés et contribué à cette adaptation continuelle qu'est notre vie mentale. Mais à mesure qu'ils contractaient ou qu'ils provoquaient de nouvelles associations et qu'ils entraient plus profondément dans l'organisation mentale, ils se sont séparés de leurs premiers compagnons. Ils ne les évoquent plus, ils ne sont plus évoqués par eux. La mémoire a disparu, — non pas complètement, — devant l'organisation consciente et les progrès de la systématisation. L'analyse et la synthèse ont fait leur œuvre. Le morceau primitif, l'agglomération d'états plus ou moins incohérents unis par la même cénesthésie, ou, en d'autres circonstances, par une habitude plus ou moins longue, ce bloc disparate a été cassé, dissous, digéré, assimilé. L'association systématique a triomphé de l'association par contiguité. Ou, pour parler plus rigoureusement, l'association systématique générale, celle qui constitue la vie d'ensemble de l'esprit a triomphé de l'association systématique élémentaire, représentant la vie indépendante des éléments psychiques. Et cette organisation ne se fait pas comme on paraît l'avoir admis, par le développement de la mémoire, par la répétition des faits, mais bien par un ensemble très compliqué d'analyses et de synthèses partielles dirigées vers des fins convergentes par l'activité inconsciente et instinctive ou consciente et voulue de la personnalité.

La vie sociale nous présente bien des phénomènes analogues. Les élèves d'une même classe sont unis pendant leur enfance par d'étroites habitudes communes. Ils étudient ensemble, vivent ensemble, et souvent habitent une même demeure. C'est une sorte d'association par contiguïté due en partie aux hasards divers qui les a réunis là, maintenue par une organisation sociale, qui joue ici le rôle de la cénesthésie dans l'association psychologique et par des raisons spéciales très nombreuses qu'il n'est pas utile de détailler ici. Ces enfants acquièrent ainsi un fonds commun d'idées et de sentiments qui, joint aux solidarités diverses développées par la vie commune, les unit assez étroitement. Cependant, leur étude faite, chacun s'en va de son côté, il en est qui ne se reverront jamais, l'activité de l'un ne provoque plus du tout de la même façon l'activité de l'autre. Il sont séparés, dispersés, le bloc primitif est analysé et les éléments en sont engagés dans d'autres synthèses, administrations, familles nouvelles, métiers, qui les utilisent et les absorbent, l'activité sociale comme l'activité mentale, rompt sans cesse les associations par contiguïté pour les remplacer par une organisation supérieure. Et les deux phénomènes sont, par leurs traits généraux, exactement pareils.

Mais, ni dans un cas, ni dans l'autre, l'association par contiguïté, la vie indépendante des éléments, les premières formes de la mémoire ne disparaissent complètement et c'est cette survivance dont il faut voir les raisons et le caractère général dans la vie de l'esprit.

CHAPITRE VII

LA FONCTION DE LA MÉMOIRE

§ I.

Si la mémoire existe et ne cède pas entièrement la place à l'organisation, c'est que le conglomérat d'états quelque peu incohérents dont nous avons parlé est un composé d'associations systématiques élémentaires qui, comme tous les faits psychiques de même ordre tendent à persister et à se reformer tant que tous les éléments associés n'ont pas disparu de l'esprit, et qu'il n'est pas toujours facile de refréner cette activité. C'est aussi qu'il n'est pas toujours utile et qu'il serait quelquefois désastreux de l'inhiber complètement. L'organisation générale de la personnalité peut avoir besoin d'elle, et même sans en avoir besoin, elle peut l'utiliser si elle se met spontanément en jeu.

Aussi, quoique l'évolution de l'esprit, son unification progressive tendent à faire disparaître la mémoire au profit de l'organisation, les faits de mémoire n'en sont pas moins innombrables. On peut dire, en un sens, qu'il y a de la mémoire partout. Souvent même pour des raisons assez faciles à saisir et qui ne contredisent point les affirmations précédentes, mais qui en indiquent la portée, les faits de mémoire sont bien plus nombreux dans un esprit supérieur. C'est que chez l'esprit supérieur, l'évolution est beaucoup plus compliquée. Il est beaucoup plus riche en éléments de bien des sortes, et alors même que l'allure générale en est bien systématisée, il se peut que les petits écarts des idées, des sentiments, des images soient infiniment plus nombreux, et même relativement plus marqués chez lui que chez une nature moins touffue, moins abondante en éléments, moins puissamment organisée, et, somme toute, bien inférieure.

En bien des cas nous pouvons avoir besoin d'avoir recours à l'association par contiguïté que tant d'attaques peuvent avoir affaiblie. Il peut nous être utile de savoir à quelle époque telle chose nous est arrivée, à quel moment nous avons éprouvé une impression ou commencé à prendre une habitude, dans quel livre nous avons trouvé tel renseignement ou quelle personne nous l'a donné, quels sentiments dominaient en nous quand nous avons écrit tel article ou tel livre. Les exemples de ce genre d'utilité sont innombrables, et tous reconnaissent la même condition générale. Il faut et il suffit pour que la conservation d'une association par contiguïté soit désirable, qu'elle puisse entrer dans l'organisation de l'esprit. Il faut et il suffit qu'une nouvelle tendance soit formée, acceptée par le moi, introduite dans une personnalité qui ait besoin de cette association, qui puisse se l'assimiler, la prendre comme un de ses éléments. Elle avait vécu jusque-là d'une vie indépendante, maintenant elle trouve à s'employer systématiquement. C'est ainsi qu'un homme arrivant au pouvoir peut tirer parti, pour le bien de l'Etat, de ses relations avec un ancien ami, négligé ou perdu de vue pendant longtemps, dont il peut, à présent, utiliser les aptitudes, — ou se servir de toute autre manière qu'on voudra imaginer.

D'autre part, lorsque le souvenir, l'état évoqué selon la loi de contiguïté, s'impose à nous sans que nous le désirions, l'esprit tente souvent d'en tirer parti, selon un mécanisme que j'ai analysé bien des fois, dont j'ai dû parler tout à l'heure à propos de la mémoire affective, et sur lequel, pour cette raison, je me dispense d'insister ici. Je rappelle seulement le rôle que joue l'association par contiguïté et la vie indépendante des éléments psychiques dans presque toutes les formes de l'invention, sinon dans toutes.

L'association par contiguïté, et les faits de mémoire n'en témoignent pas moins toujours, même dans les cas les plus favorables, de quelque imperfection du mécanisme mental. C'est un défaut que l'esprit utilise parfois, mais qui n'en est pas moins un défaut. A vrai dire, on ne saurait s'en passer. C'est là un des mille signes de l'imperfection relative de l'esprit humain. Dire qu'il évolue et se transforme c'est dire évidemment qu'il n'est pas « parfait ». Et pour remédier à certains défauts, certains autres sont nécessaires. Psychologiquement et socialement on ne réprime guère un mal que par un autre mal qu'on juge préférable, plus utile ou moins dangereux, ou dont on se sert simplement parce qu'il existe déjà et qu'il vaut mieux en tirer parti. On peut même espérer qu'on pourra corriger deux maux l'un par l'autre.

Naturellement cette correction n'est jamais complète, et il reste toujours quelque défaut. Tous les souvenirs ne peuvent être réellement utilisés, il en est beaucoup qui sont inutiles, et un assez grand nombre qui sont fâcheux et nuisibles en somme. Ils sont toujours, je pense, utiles à quelques égards, mais leurs inconvénients peuvent dépasser de beaucoup leurs avantages. C'est le cas, par exemple, de certains souvenirs désagréables qui nous reviennent de temps en temps sans pouvoir maintenant agir d'une manière appréciable sur la direction de notre conduite.

Même l'évocation volontaire des souvenirs se fait avec quelque trouble, avec un rappel de détails parasites, tant que la tendance qui les utilise ne les a pas bien assimilés, c'est-à-dire tant que le souvenir reste réellement un souvenir. Cela est assez évident. Et d'ailleurs on peut remarquer souvent combien d'éléments étrangers accompagnent celui dont nous avons besoin. Les cas extrêmes sont représentés par le fait cité par Abercrombie et que je rappelais tout à l'heure. Je sais aussi combien de fois il m'arrive, quand je veux évoquer un court passage d'un morceau de musique, d'être obligé de faire revivre avant lui les passages précédents, dont je n'ai que faire, mais qui tiennent trop à l'autre pour s'en séparer. Bien souvent nous ne trouvons le fait dont nous avons besoin que par des tâtonnements successifs. Ces tâtonnements éveillent en nous des images, des idées, des impressions dont nous ne tirons aucun profit direct, mais qui adhèrent soit aux tendances directrices, soit aux éléments de l'idée cherchée que nous possédons déjà. Ce phénomène de complication et d'imperfection est d'autant plus apparent que la mémoire est plus forte, et il disparaît à mesure qu'elle s'efface devant l'organisation naissante.

§ II.

Un élément psychique pris d'abord dans un tout compact et peu cohérent se dégage de cette gangue, s'associe avec d'autres éléments, entre dans quelques tendances organisées dont il devient un élément discipliné. Il paraît complètement séparé des éléments avec qui il était associé jadis. Cependant, si je puis ainsi dire, il les connaît encore. Il sait les retrouver au besoin. Et nous pouvons reprendre ici pour les prolonger, les analogies que je signalais tout à l'heure entre la vie sociale et le fonctionnement psychique. Les amis d'enfance, les camarades de classe, alors même qu'ils se sont perdus de vue depuis bien longtemps, ne sont pas parfaitement séparés. Il leur est resté un fonds commun de souvenirs, d'habitudes, de vieilles émotions, de façons analogues de sentir et de penser qui les rattache toujours. Certains groupements sociaux peuvent les unir encore à cause précisément de leur qualité d'anciens condisciples. Ils peuvent faire partie de quelques associations d'anciens élèves. S'ils se retrouvent, il n'est pas rare que leurs anciennes relations facilitent les nouvelles et les rendent plus amicales. Leurs vieux souvenirs ont créé une solidarité mutuelle qui leur est assez souvent une raison de se retrouver. Ils auront plus facilement recours les uns aux autres, ils s'appelleront plus volontiers s'ils peuvent s'entr'aider ou s'ils ont à collaborer à quelque œuvre commune. L'ancienne association par contiguïté a eu beau être enrayée, dissoute au cours de la vie, remplacée par des associations plus systématiques, elle subsiste encore et n'a pas perdu toute efficacité. Cela se voit le jour où elle peut faciliter elle-même quelque association systématique nouvelle, et même parfois sans cela, si quelque circonstance vient à détruire ou à relâcher les systèmes supérieurs qui en ont suspendu les effets, ou à les concilier avec elle.

Les analogies sont évidentes. Ce n'est pas seulement par métaphore qu'on doit rapprocher la vie sociale et la vie psychique. La psychologie doit certainement éclairer la sociologie, bien qu'il y ait, sans doute, dans la société, quelque chose d'autre que dans l'esprit. Et je crois surtout que la vie sociale éclaire beaucoup la vie individuelle et qu'il faut pour bien comprendre l'esprit le considérer comme une société d'ordre plus simple. Les faits psychiques nous montrent très souvent ces conservations et ces retours d'associations anciennes dont la force résiste parfois aux tentatives des tendances qui cherchent à s'assimiler certains éléments et à remplacer l'association primitive par une association plus systématique. Certaines personnes se trouvent plus à l'aise avec des amis d'enfance, même longtemps négligés, qu'avec de nouvelles relations qui tiennent pourtant une grande place dans leur vie. Ici le phénomène psychique explique jusqu'à un certain point le phénomène social qui lui ressemble. Il est certaines de mes impressions qui ne s'épanouissent bien que dans un milieu auquel elles sont depuis longtemps habituées. Il est parfois quelque peu gênant de relire une poésie, un morceau de prose dans une autre édition, même plus belle que celle à laquelle on est habitué. L'émotion peut être affaiblie, arrêtée par les perceptions auxquelles elle n'est pas adaptée et qui sembleraient devoir la favoriser.

§ III.

La mémoire dont nous avons besoin n'est généralement pas celle qui reproduit entièrement ou même presque entièrement un état passé. Il suffit qu'un élément de cet état nous revienne à l'esprit, un élément concret ou abstrait, une image, un sentiment, ou bien une idée, la perception d'un rapport que nous n'avons pas toujours distingué jadis et que nous dégageons maintenant.

L'acte par lequel nous l'évoquons est en ce cas une nouvelle analyse suivie d'une nouvelle synthèse et il tend, lui aussi, à désagréger encore le composé primitif, et par suite, à détruire le souvenir. Souvent ainsi un fait de mémoire tend à rendre la mémoire impossible. Il ne fait au reste que continuer l'œuvre commencée par toutes les tendances qui ont agi déjà pour dissocier les éléments primitivement amalgamés. S'il nous permet la perception d'un rapport resté d'abord invisible, il tend, il est vrai, à créer un lien nouveau entre deux des phénomènes jadis associés, mais ce rapport forme lui-même un élément nouveau qui se dégage des autres et se classe à part, entre dans des systèmes différents.

Assez souvent des réflexions tardives, des renseignements récemment reçus, nous font interpréter autrement les faits passés ; nous découvrons entre ces faits des rapports que nous n'avions pas su voir à l'époque où ils se sont présentés à nous pour la première fois. De nouvelles analyses et de nouvelles synthèses s'opèrent ainsi. Nous comprenons un mot, une attitude que nous avions à peine remarqués et que de nouvelles idées peuvent maintenant expliquer. Nous isolons des faits qui l'entouraient un petit événement passé presque inaperçu. Parfois il semble même qu'on avait complètement oublié un fait qui, tout à coup, et à l'appel d'une nouvelle tendance qui se forme, revient à l'esprit.

Dans tous les cas de ce genre, le travail primitif de l'esprit sur les phénomènes qui se produisent en lui continue ou plutôt recommence après une interruption quelquefois très longue. Ils sont autant d exemples de la lutte de l'organisation contre la mémoire, puisqu'ils tendent à faire entrer dans des systèmes nouveaux des éléments qui jusque-là avaient survécu à peu près isolés. Il est vrai qu'ils survivaient à peine, précisément à cause de la nature et de la portée de cet isolement. Ils survivaient cependant sous quelque forme et la petite crise qui se produit ne leur donne une existence plus apparente que pour les faire entrer dans quelque synthèse qui se les assimilera.

§ IV.

Parfois aussi c'est l'ensemble du phénomène passé que nous avons besoin de rappeler ou qui se reproduit sans notre volonté mais souvent de manière à ce que l'esprit puisse l'utiliser tout de même. Seulement il faut prendre garde à ce que c'est que cet ensemble. Il ne semble pas qu'il soit jamais absolument complet et même il y aurait sans doute quelque contradiction à supposer qu'il puisse l'être. Cela impliquerait un retour complet de l'état de l'esprit, de l'organisme et probablement aussi du milieu physique et moral, une disparition complète de l'état actuel, des conditions presque impossibles même à rêver. En fait, le souvenir même sous ses formes les plus riches et les plus concrètes est toujours une altération et une abstraction; autrement dit, il n'y a pas de souvenir absolu et le fait de mémoire est toujours par quelque côté un acte d'analyse et de synthèse. Il a toujours été altéré par l'organisation de l'esprit ou de quelques tendances qui fait du souvenir une reproduction inexacte et généralement affaiblie de la réalité, quoiqu'il puisse, comme nous l'avons vu pour le souvenir affectif, la développer et l'enrichir à certains égards. Mais alors aussi il cesse d'être, à proprement parler, un souvenir parfait.

L'ensemble qui revit est parfois abstrait. Il consiste en un système de relations que nous nous représentons, sans doute, mêlées encore de quelques visions, de quelques impressions concrètes, mais où l'essentiel, ce sont les rapports abstraits que nous avons parfois dégagés peu à peu. Si j'ai besoin de savoir par exemple à quelle époque j'ai fait tel voyage, et quels en ont été les résultats, il est utile que je fasse revivre dans une pensée l'ensemble de mes impressions, de mes idées et de mes occupations à cette époque. Il est sûr cependant que cet ensemble gardera toujours un caractère abstrait et appauvri. Le résultat de mes recherches, en supposant qu'elles aboutissent aussi bien que je le puis désirer pourra toujours s'exprimer en quelques phrases générales. Il me sera en tout état de cause aussi inutile qu'il m'est probablement impossible, de faire revivre des détails concrets comme les gestes précis de l'employé qui m'a vendu un ticket ou les pièces de monnaie que m'ont rendues des marchands. Même si je ne recherche que le retour de vieilles impressions, il me suffit évidemment que les plus importantes renaissent, et produisent une sorte d'émotion d'ensemble qui est comme la résultante de mes émotions d'alors et qui est quelque peu modifiée par leur contact avec le moi d'aujourd'hui. Il est sans doute très bon et parfois peut-être indispensable que quelques détails concrets, avec les impressions spéciales qui les ont accompagnées, viennent donner à l'ensemble un aspect de réalité, une fraîcheur qui corrige ce que l'abstraction seule pourrait avoir d'un peu sec. Mais la renaissance de toutes les images, de toutes les émotions serait un encombrement sans profit, et qui, s'il n'était pas en soi contradictoire, empêcherait toute vie mentale, rien que par le temps qu'il exigerait.

§ V

L'utilité de la mémoire, c'est-à-dire de la conservation dans l'esprit d'éléments encore mal organisés, est mise en relief par les inconvénients de l'oubli qui provient d'une organisation trop prompte et trop étroite, prématurée, comme le sont toujours chez l'homme les organisations définitives, auxquelles la souplesse manque pour de futures transformations. Fréquemment, en effet, une analyse trop prompte ou trop radicale, une dissociation trop grande des éléments même, entrave la marche de l'esprit si elle s'accompagne du rejet des éléments que cette séparation ne fait pas engager dans quelque synthèse mentale.

C'est de là que proviennent souvent les inconvénients de l'oubli, qui sont en eux-mêmes suffisamment connus pour qu'il n'y ait pas à les indiquer plus longuement. Il est des gens qui ne retiennent que ce qu'ils ont compris, comme il en est qui ne voient que ce qu'ils peuvent immédiatement interpréter, ou qui n'accordent quelque attention qu'à ce qui peut intéresser en eux quelque désir assez développé déjà. Tous ces défauts sont exactement parallèles et semblables. Ou plutôt il n'y a là que trois formes différentes d'une seule imperfection. Le besoin d'une systématisation, même trop étroite, empêche la conservation et la naissance d'impressions, d'images, de perceptions, d'émotions qui ne trouvent pas sur-le-champ de tendance pour les accueillir, qui ne répondent ni à un désir formé, ni à une idée déjà construite. Et par là le développement vraiment et largement systématique de l'esprit peut être gêné ou arrêté plus tard, car, en des circonstances différentes, la formation d'idées nouvelles et de nouveaux sentiments aurait été facilitée par ces éléments disparus et elle peut souffrir de leur absence, ne pas s'effectuer ou s'effectuer moins bien, avec moins d'ampleur et de richesse. C'est encore un des cas où l'esprit synthétique trop étroit et trop exigeant nuit en fin de compte à la synthèse elle-même.

Ce défaut se trouve sans doute à quelque degré chez tous les esprits, comme aussi le défaut opposé. Rien peut-être ne serait absolument inutile si nous pouvions tout conserver et si nous étions assez habiles pour bien profiter de nos richesses. Il est fort probable aussi que nous conservons souvent bien des idées, des images et des impressions relativement très peu utiles et qui ne valent pas la force que nous dépensons pour les garder. Notre choix dans nos souvenirs, la sélection que nous exerçons volontairement ou instinctivement, ou qui simplement s'exerce en nous sans que *nous* y participions, est très difficilement harmonieuse. Il faudrait qu'elle combinât pour le mieux les avantages de la mémoire et ceux de l'oubli. Naturellement personne n'arrive à cet équilibre idéal.

On s'en rapproche plus ou moins. Ceux qui en restent le plus loin sont, d'une part, ceux dont les souvenirs restent trop solides, trop compacts, ceux chez qui l'association par contiguïté domine au point de gêner le raisonnement, les combinaisons nouvelles, le rappel même d'un fait ou d'une idée. D'autre part, et à l'extrémité opposée de la série, ce sont ceux chez qui les souvenirs concrets ne restent pas assez vivants. Chez eux les faits nouveaux sont immédiatement analysés, l'esprit y prend ce qu'il peut utiliser et rejette le reste. Il aboutit ainsi à une utilisation prompte mais trop imparfaite des éléments psychiques. Sans doute, abstraitement considéré, ce mode de fonctionnement de l'esprit est, toutes choses égales d'ailleurs, supérieur à l'autre. Mais il nuit au développement de l'organisation mentale et à ses transformations. Il ne deviendrait entièrement justifiable que dans un esprit parfaitement systématique, si la réalisation de cet idéal n'impliquait une contradiction.

§ VI

De là l'utilité, la nécessité de cette forme inférieure d'activité mentale qu'est la mémoire. Elle représente un état d'organisation imparfaite. Et cet état s'oppose à un autre qui le dépasse immédiatement, mais il peut en annoncer, en préparer un autre encore qui dépasse celui-ci. Elle n'a pas sa raison d'être en elle-même. Elle ne doit exister que pour faciliter une organisation supérieure que trop souvent elle trouble et empêche [1].

Il paraît que dans certaines écoles privées de l'Hindoustan, les méthodes d'instruction ne diffèrent guère, ou ne différaient guère il n'y a pas bien longtemps, de ce qu'elles étaient il y a mille ans. On y lit et on y explique des textes, mais c'est surtout à la mémoire qu'on a recours. « Les enfants apprennent de longs morceaux par cœur et ce n'est que lorsqu'ils les savent parfaitement que le professeur leur en explique le sens [2]. » Sûrement je ne recommanderai pas ce procédé pédagogique. Cependant il faut bien reconnaître que, sous des formes plus douces, il est universel, qu'il sert non seulement à l'instruction, mais à toute la vie intellectuelle et morale de l'homme, et qu'il nous indique en somme nettement, sous sa forme précise et essentielle, la fonction de la mémoire.

Tout d'abord il est trop clair qu'il est constamment appliqué par les enfants. Ce qu'ils apprennent et même ce qu'ils comprennent relativement bien, ils n'en aperçoivent jamais complètement le sens et

1. Je me propose de montrer ailleurs que c'est ce qu'on pourrait dire aussi bien de tout phénomène psychique, comme de tout phénomène social. Il faut donc prendre ici cette assertion dans un sens relatif.

2. *Adam's report*, p. 27. (Rapport sur l'enseignement au Bengale, p. 1868.) Cité par Ch. Bornes. *L'Instruction publique dans l'Inde Anglaise. Revue pédagogique*, 15 septembre 1903, p. 278.

la portée. Qu'ils commettent souvent des erreurs grossières, je pense que chacun en sera persuadé s'il se rapporte à ses propres souvenirs et à ses observations, et aussi qu'ils retiennent bien des propositions sans leur attacher un sens très précis. Mais peu à peu, si leur esprit se développe bien, leurs souvenirs s'éclairent et s'avancent. Ils peuvent mieux apprécier un texte classique qui ne fut jadis qu'une leçon, si leur faculté d'admiration a résisté à l'ennui et au travail de la mémoire. Ils joignent des idées de plus en plus riches aux mots qu'ils ont conservés à moins qu'ils ne les associent simplement à des idées d'examen et ne se hâtent de les éliminer de leur esprit une fois que l'appui de ces idées et des désirs qui les encadrent et les produisent vient à leur faire défaut.

Mais les adultes, même ceux dont l'esprit est le plus haut, ne diffèrent pas essentiellement de l'enfant en cela. Chez eux aussi les souvenirs sont une collection d'idées et de sentiments encore mal compris et mal ordonnés, dont l'esprit n'a pas tiré tout le parti possible. Comprendre une proposition, une idée, un fait, c'est en voir les rapports avec tant d'autres que nous n'avons jamais épuisé l'opération et que nous ne comprenons jamais rien parfaitement. A chaque rapport nouveau que nous découvrons, c'est-à-dire à chaque nouvelle synthèse que nous composons avec l'idée, la proposition, le fait et d'autres éléments restés jusque-là séparés d'elle, nous comprenons un peu mieux. Et nous ne devrions jamais cesser de comprendre toujours davantage. Or cette compréhension progressive exige que l'organisation ne soit pas trop arrêtée, trop finie, trop parfaite dans sa forme encore si incomplète, qu'il y ait une certaine indépendance des éléments psychiques, en un mot que la mémoire n'ait pas été complètement vaincue et remplacée par la systématisation. Il faut que quelque systématisation se soit produite, d'abord parce que rien ne pourrait subsister sans cela, et ensuite parce que l'esprit ne peut attendre pour s'organiser que l'organisation lui soit possible sous ses formes les plus hautes. Mais il faut aussi que cette systématisation ne soit pas trop achevée, parce qu'alors la mémoire disparaîtrait, et le jeu libre des éléments et la possibilité d'une évolution prolongée. Un tel état ne conviendrait qu'à l'être complètement adapté à son milieu. Mais j'ai déjà indiqué que cette conception me paraissait contradictoire et, en tout cas, elle n'est pas réalisée.

Ce que je dis de l'intelligence s'applique aussi aux sentiments et à l'activité sous toutes ses formes. Au reste il n'y a pas de différence essentielle entre les divers phénomènes psychiques. Une tendance n'est complètement utilisée par l'esprit que lorsqu'il l'a appliquée à tous les objets possibles, dans toutes les circonstances possibles, lorsqu'elle a exercé son influence sur toutes les autres et qu'elle a subi la leur. Jusque-là, si bien organisée qu'elle puisse paraître, elle reste toujours dans un état d'imperfection et, comme nous ne pouvons jamais atteindre le dernier anneau de la chaîne des combinaisons et des transformations possibles, on peut dire qu'il reste toujours de la mémoire partout dans l'esprit et que l'organisation ne l'y a jamais nulle part absolument remplacée.

CONCLUSION

Après avoir étudié plus spécialement la mémoire affective, j'ai tâché de montrer la nature essentielle de la mémoire en général, et sa fonction dans la vie de l'esprit. Mais toutes les façons dont nous nous représentons cette vie (et ici encore on pourrait généraliser) restent schématiques et, à plusieurs égards, fausses. Elles n'en sont que des images raidies et très simplifiées. Que l'on compare à la vie la description la plus exacte, la plus minutieuse analyse, la théorie la plus compliquée, on sera frappé de l'énorme distance qui les sépare. C'est le squelette décharné à côté de l'être complet agissant et vivant. Toute la richesse, toute la souplesse, toute l'inépuisable variété toujours changeante se perdent dans les récits que nous en faisons et dans les explications qui nous paraissent les plus acceptables. Nous marquons quelques rapports abstraits des phénomènes mais leur aspect réel risque trop ainsi de rester méconnu, et ce n'est qu'en se reportant à l'observation directe, aussi concrète et aussi complète que possible, qu'on verra s'animer nos lois et marcher nos théorèmes. Sans doute, cela est inévitable, ce sont les abstractions qui sont la matière de la science et son objet. Et nous retrouvons ici sous une forme quelque peu différente cette nécessité de l'élimination, de l'inhibition, de l'imperfection que nous avons déjà souvent rencontrée. Seulement il ne faut pas que la science méconnaisse sa nature propre, ni qu'elle oublie trop, parmi ses généralités abstraites, celles qui symbolisent précisément la complexité réelle et l'ondoyante richesse des phénomènes, celles qui représentent dans la mesure du possible et de l'utile ce qu'elle ne peut reproduire ou même analyser, parce que c'est ce qui est détruit par l'analyse, celles qui représentent ses propres limites et tiennent à ses conditions essentielles. Je crois bien que la psychologie n'a pas toujours su se garder de ce défaut.

Comme nous disions tout à l'heure qu'il y a du souvenir partout, on peut dire, en un autre sens, qu'il n'y a jamais de souvenir parfait. Un fait ne reste jamais dans l'esprit tel qu'il s'est produit. Il ne peut subsister qu'en ne subsistant pas, en se transformant, en perdant des éléments, en s'en assimilant d'autres, en modifiant la nature de leurs associations, en rompant lui-même ses propres associations, en les altérant ou en en formant de nouvelles. Ses éléments se transforment pareillement et chacun d'eux va modifier l'esprit, s'incorporant à des systèmes d'idées et de désirs qu'il complète, qu'il corrige, qu'il confirme ou qu'il affaiblit. Continuellement de nouvelles relations s'établissent ainsi tandis que d'autres s'atténuent et s'effacent. L'état nouveau provoque continuellement des réactions qui l'utilisent, qui le dissolvent, qui le combattent, qui le complètent. Il se dissout, disparaît, n'existe plus que par les modifications qu'il a produites dans l'esprit et ceux de ses éléments qui s'y sont incorporés. Souvent il n'en est plus question, il ne revient plus. Parfois au contraire il reparaît amoindri généralement, décoloré, abstrait, et en certains cas fortifié au contraire, et à certains égards plus intense, quoique toujours appauvri par le sacrifice de beaucoup de ses éléments secondaires. Et il agit encore comme la première fois. Il intervient pour satisfaire certaines tendances et pour en réprimer d'autres. Son œuvre faite il disparaît encore, puis s'évoque de nouveau parfois comme au hasard, rappelé par quelque rêverie, selon le caprice du jeu des éléments psychiques, ranimé par quelque modification physiologique : une activité anormale de la circulation, la fièvre, l'excitation qui suit un bon repas. De nouveau il agit, si faiblement que cela soit, et parfois avec vigueur encore. Il ramène dans l'esprit des sentiments d'autrefois, il y fait revivre un passé disparu qui réagit sur le présent et sur lequel le présent agit à son tour, et chacune de ces actions si variées et si nombreuses se répercute indéfiniment et se prolonge par des transformations infimes ou considérables des idées et des désirs.

L'esprit se modifie encore en le modifiant et tous ces changements vont se perdre dans un retentissement décroissant à l'infini avec parfois des réveils brusques et des recommencements.

La volonté s'en mêle aussi, se soumet les éléments du fait primitif ou ses reproductions, elle l'évoque à son tour quand le moi juge qu'il a besoin de lui. Et le même travail continue indéfiniment. De temps en temps une circonstance imprévue rend sa fraîcheur à la vieille image effacée, lui assure de nouveau l'appui de quelques idées, de quelques impressions depuis longtemps disparues et qu'elle fait revivre. Puis la désagrégation reprend. Le travail d'analyse et de synthèse se poursuit, avec des interruptions, des retours qui semblent abolir un moment les résultats acquis et des reprises. Peu à peu tous les agrégats de faits psychiques tendent ainsi, sans y arriver jamais entièrement, à se dissoudre, à se fondre dans la vie systématisée de l'esprit, à ne plus laisser d'autre trace de leur existence qu'un changement plus ou moins considérable de l'organisme mental, à ne plus rien être sinon une disposition fonctionnelle représentée anatomiquement par un certain état relativement stable de la substance nerveuse. Leur évolution a perfectionné ou troublé la machine pensante, et par là leur vie se continue, mais comme ensemble concret ils ont disparu, ils sont morts, ou presque morts. Seulement au-dessus d'eux la vie agitée recommence, et ils ne se manifestent qu'en entrant en association ou en conflit avec les faits nouveaux qui se présentent. Une perception nouvelle, une émotion d'à présent n'est que le résultat de l'action des conditions actuelles sur l'organisation longuement constituée à travers les siècles et qui ne se manifeste que dans ses relations avec elles. Toujours le même travail recommence sur des bases de plus en plus compliquées tant que la systématisation se poursuit progressivement. Ainsi les hommes disparaissent et les générations se succèdent, tandis que reste l'organisation sociale qui fut leur création et qui va déterminer à son tour l'œuvre des générations nouvelles, l'influencer, la diriger et se transformer peu à peu, en retour, sous son action.

Dans cet inextricable enchevêtrement d'actions et de réactions, la mémoire, c'est-à-dire la persistance de certains états d'âme unis par la contiguïté, par des associations mal systématisées, provenant du jeu indépendant et incohérent des éléments psychiques, a paru garder un rôle important. C'est ce rôle que j'ai essayé de préciser, et les conclusions auxquelles je suis arrivé par l'étude du souvenir affectif comme par l'examen du rôle général de la mémoire me paraissent concorder avec les lois de la psychologie générale telles que je les ai exposées ailleurs et telles que j'ai souvent, depuis lors, essayé de les appliquer à diverses questions.

TABLE DES MATIÈRES

Paris. — L. Maretheux, imprimeur, 1, rue Cassette.

Mai 1903

FÉLIX ALCAN, ÉDITEUR

ANCIENNE LIBRAIRIE GERMER BAILLIÈRE ET Cie

108, Boulevard Saint-Germain, 108, Paris, 6e.

EXTRAIT DU CATALOGUE

SCIENCES — MÉDECINE — HISTOIRE — PHILOSOPHIE

BIBLIOTHÈQUE
SCIENTIFIQUE INTERNATIONALE

Volumes in-8, cartonnés à l'anglaise. — Prix : 6 fr.

98 VOLUMES PUBLIÉS :

1. J. TYNDALL. **Les glaciers et les transformations de l'eau**, 7e éd., illustré.
2. W. BAGEHOT. **Lois scientifiques du développement des nations**, 6e édition.
3. J. MAREY. **La machine animale**, locomotion terrestre et aérienne, 6e édition, illustré.
4. A. BAIN. **L'esprit et le corps considérés au point de vue de leurs relations**, 6e édition.
5. PETTIGREW. **La locomotion chez les animaux**, 2e éd., ill.
6. HERBERT SPENCER. **Introd. à la science sociale**, 13e édit.
7. OSCAR SCHMIDT. **Descendance et darwinisme**, 6e édition.
8. H. MAUDSLEY. **Le crime et la folie**, 7e édition.
9. VAN BENEDEN. **Les commensaux et les parasites dans le règne animal**, 4e édition, illustré.
10. BALFOUR STEWART. **La conservation de l'énergie**, 6e éd., illustré.
11. DRAPER. **Les conflits de la science et de la religion**, 11e éd.
12. LÉON DUMONT. **Théorie scientifique de la sensibilité**, 4e éd.
13. SCHUTZENBERGER. **Les fermentations**, 6e édition, illustré.
14. WHITNEY. **La vie du langage**, 4e édition.
15. COOKE et BERKELEY. **Les champignons**, 4e éd., illustré.
16. BERNSTEIN. **Les sens**, 5e édition, illustré.
17. BERTHELOT. **La synthèse chimique**, 9e édition.
18. NIEWENGLOWSKI. **La photographie et la photochimie**. illustré.
19. LUYS. **Le cerveau et ses fonctions**. 7e édition, illustré.
20. W. STANLEY JEVONS. **La monnaie et le mécanisme de l'échange**, 5e édition.
21. FUCHS. **Les volcans et les tremblements de terre**, 6e éd.

22. GÉNÉRAL BRIALMONT. **La défense des États et les camps retranchés**, 3e édition, avec fig. (*épuisé*).
23. A. DE QUATREFAGES. **L'espèce humaine**, 13e édition.
24. BLASERNA et HELMHOLTZ. **Le son et la musique**, 5e éd.
25. ROSENTHAL. **Les muscles et les nerfs**, 3e édition (*épuisé*).
26. BRUCKE et HELMHOLTZ. **Principes scientifiques des beaux-arts**, 4e édition, illustré.
27. WURTZ. **La théorie atomique**, 8e édition.
28-29. SECCHI (Le Père). **Les étoiles**, 3e édit., 2 vol. illustrés.
30. N. JOLY. **L'homme avant les métaux**, 4e édit. (*épuisé*).
31. A. BAIN. **La science de l'éducation**, 10e édition.
32-33. THURSTON. **Histoire de la machine à vapeur**, 3e éd., 2 vol.
34. R. HARTMANN. **Les peuples de l'Afrique**, 2e édit. (*épuisé*).
35. HERBERT SPENCER. **Les bases de la morale évolutionniste**, 7e édition.
36. TH.-H. HUXLEY. **L'écrevisse**, introduction à l'étude de la zoologie, 2e édition, illustré.
37. DE ROBERTY. **La sociologie**, 3e édition.
38. O.-N. ROOD. **Théorie scientifique des couleurs et leurs applications à l'art et à l'industrie**, 2e édition, illustré.
39. DE SAPORTA et MARION. **L'évolution du règne végétal.** *Les cryptogames*, illustré.
40-41. CHARLTON-BASTIAN. **Le cerveau et la pensée**, 2e éd., 2 vol. illustrés.
42. JAMES SULLY. **Les illusions des sens et de l'esprit**, 3e éd., ill.
43. YOUNG. **Le Soleil**, illustré (*épuisé*).
44. A. DE CANDOLLE. **Origine des plantes cultivées**, 4e édit.
45-46. J. LUBBOCK. **Les Fourmis, les Abeilles et les Guêpes**, 2 vol. illustrés (*épuisé*).
47. ED. PERRIER. **La philos. zoologique avant Darwin**, 3e éd.
48. STALLO. **La matière et la physique moderne**, 3e édition.
49. MANTEGAZZA. **La physionomie et l'expression des sentiments**, 3e édit., illustré, avec 8 pl. hors texte.
50. DE MEYER. **Les organes de la parole**, illustré.
51. DE LANESSAN. **Introduction à la botanique.** *Le sapin*, 2e édit., illustré.
52-53. DE SAPORTA et MARION. **L'évolution du règne végétal.** *Les phanérogames*, 2 volumes illustrés.
54. TROUESSART. **Les microbes, les ferments et les moisissures**, 2e éd., illustré.
55. HARTMANN. **Les singes anthropoïdes**, illustré.
56. SCHMIDT. **Les mammifères dans leurs rapports avec leurs ancêtres géologiques**, illustré.
57. BINET et FÉRÉ. **Le magnétisme animal**, 4e éd., illustré
58-59. ROMANES. **L'intelligence des animaux**, 3e éd., 2 vol.
60. F. LAGRANGE. **Physiologie des exercices du corps**, 8e éd.
61. DREYFUS. **L'évolution des mondes et des sociétés**, 3e éd.

62. DAUBRÉE. **Les régions invisibles du globe et des espaces célestes**, 2e édition, illustré.
63-64. J. LUBBOCK. **L'homme préhistorique**, 4e édition, 2 volumes illustrés.
65. RICHET (Ch.). **La chaleur animale**, illustré.
66. FALSAN. **La période glaciaire**, illustré (*épuisé*).
67. BEAUNIS. **Les sensations internes.**
68. CARTAILHAC. **La France préhistorique**, 2e éd., illustré.
69. BERTHELOT. **La révolution chimique, Lavoisier**, illustré.
70. J. LUBBOCK. **Les sens et l'instinct chez les animaux**, ill.
71. STARCKE. **La famille primitive.**
72. ARLOING. **Les virus**, illustré.
73. TOPINARD. **L'homme dans la nature**, illustré.
74. BINET. **Les altérations de la personnalité.**
75. A. DE QUATREFAGES. **Darwin et ses précurseurs français**, 2e éd.
76. LEFÈVRE. **Les races et les langues.**
77-78. A. DE QUATREFAGES. **Les émules de Darwin**, 2 vol.
79. BRUNACHE. **Le centre de l'Afrique; Autour du Tchad, illustré.**
80. A. ANGOT. **Les aurores polaires**, illustré.
81. JACCARD. **Le pétrole, l'asphalte et le bitume**, illustré.
82. STANISLAS MEUNIER. **La géologie comparée**, illustré.
83. LE DANTEC. **Théorie nouvelle de la vie**, 2e éd., illustré.
84. DE LANESSAN. **Principes de colonisation.**
85. DEMOOR, MASSART et VANDERVELDE. **L'évolution régressive en biologie et en sociologie**, illustré.
86. G. DE MORTILLET. **Formation de la nation française**, 2e édition, illustré.
87. G. ROCHÉ. **La culture des mers en Europe** (*Piscifacture, pisciculture, ostréiculture*), illustré.
88. J. COSTANTIN. **Les végétaux et les milieux cosmiques** (*Adaptation, évolution*), illustré.
89. LE DANTEC. **Evolution individuelle et hérédité.**
90. E. GUIGNET et E. GARNIER. **La céramique ancienne et moderne**, illustré.
91. E.-M. GELLÉ. **L'audition et ses organes**, illustré.
92. STANISLAS MEUNIER. **La géologie expérimentale**, ill.
93. J. COSTANTIN. **La nature tropicale**, illustré.
94. E. GROSSE. **Les débuts de l'art**, illustré.
95. J. GRASSET. **Les maladies de l'orientation et de l'équilibre**, illustré.
96. G. DEMENY. **Les bases scientifiques de l'éducation physique**, 2e éd., illustré.
97. F. MALMÉJAC. **L'eau dans l'alimentation**, illustré.
98. STANISLAS MEUNIER. **La géologie générale**, illustré.

COLLECTION MÉDICALE

ÉLÉGANTS VOLUMES IN-12, CARTONNÉS A L'ANGLAISE, A 4 ET A 3 FRANCS

Hygiène de l'alimentation dans l'état de santé et de maladie, par le Dr J. Laumonier, avec gravures. 2e éd. 4 fr.

Les nouveaux traitements, par *le même.* 4 fr.

L'alimentation des nouveau-nés. *Hygiène de l'allaitement artificiel*, par le Dr S. Icard, avec 60 gravures. 2e édit. (*Couronné par l'Académie de médecine.*) 4 fr.

La mort réelle et la mort apparente, diagnostic et traitement de la mort apparente, par *le même,* avec gravures. 4 fr.

L'hygiène sexuelle et ses conséquences morales, par le Dr S. Ribbing, prof. à l'Univ. de Lund (Suède). 2e édit. 4 fr.

Hygiène de l'exercice chez les enfants et les jeunes gens, par le Dr F. Lagrange, lauréat de l'Institut. 7e édit. 4 fr.

De l'exercice chez les adultes, par *le même.* 4e édition. 4 fr.

Hygiène des gens nerveux, par le Dr Levillain, avec gravures. 4e édition. 4 fr.

L'idiotie. *Psychologie et éducation de l'idiot*, par le Dr J. Voisin, médecin de la Salpêtrière, avec gravures. 4 fr.

La famille névropathique, *Hérédité, prédisposition morbide, dégénérescence*, par le Dr Ch. Féré, médecin de Bicêtre, avec gravures. 2e édition. 4 fr.

Le traitement des aliénés dans les familles, par *le même*. 2e édition. 3 fr.

L'instinct sexuel. *Évolution, dissolution*, par *le même*. 2e édition. 4 fr.

L'éducation physique de la jeunesse, par A. Mosso, profess. à l'Univers. de Turin. Préface du Commandant Legros. 4 fr.

Manuel de percussion et d'auscultation, par le Dr P. Simon, professeur à la Faculté de médecine de Nancy, avec grav. 4 fr.

Éléments d'anatomie et de physiologie génitales et obstétricales, par le Dr A. Pozzi, professeur à l'École de médecine de Reims, avec 219 gravures. 4 fr.

Manuel théorique et pratique d'accouchements, par le *le même*, avec 138 gravures. 3e édition. 4 fr.

Morphinisme et Morphinomanie, par le Dr Paul Rodet. (*Couronné par l'Académie de médecine.*) 4 fr.

La fatigue et l'entraînement physique, par le Dr Ph. Tissié, avec gravures. Préface de M. le prof. Bouchard. 2e édition. 4 fr.

Les maladies de la vessie et de l'urèthre chez la

femme, par le Dr KOLISCHER ; trad. de l'allemand par le Dr BEUTTNER, de Genève; avec gravures. 4 fr.

L'éducation rationnelle de la volonté, son emploi thérapeutique, par le Dr PAUL-EMILE LÉVY. Préface de M. le prof. BERNHEIM. 3e édition. 4 fr.

La profession médicale. *Ses devoirs, ses droits*, par le Dr G. MORACHE, professeur de médecine légale à l'Université de Bordeaux. 4 fr.

Le mariage. *Étude de socio-biologie et de médecine légale*, par *le même.* 4 fr.

Grossesse et accouchement. *Étude de socio-biologie et de médecine légale*, par *le même.* 4 fr.

L'hystérie et son traitement, par le Dr PAUL SOLLIER. 4 fr.

Manuel d'électrothérapie et d'électrodiagnostic, par le Dr E. ALBERT-WEIL, avec 80 gravures. 4 fr.

Traité de l'intubation du larynx *de l'enfant et de l'adulte dans les sténoses laryngées aiguës et chroniques*, par le Dr A. BONAIN, avec 42 gravures. 4 fr.

Manuel de psychiatrie, par le Dr J. ROGUES DE FURSAC, ancien chef de clinique à la Faculté de Paris. 4 fr.

De la même collection :

COURS DE MÉDECINE OPÉRATOIRE

de M. le Professeur **Félix Terrier.**

Petit manuel d'antisepsie et d'asepsie chirurgicales, par les Drs FÉLIX TERRIER, professeur à la Faculté de médecine de Paris, et M. PÉRAIRE, ancien interne des hôpitaux, avec grav. 3 fr.

Petit manuel d'anesthésie chirurgicale, par *les mêmes*, avec 37 gravures. 3 fr.

L'opération du trépan, par *les mêmes*, avec 222 grav. 4 fr.

Chirurgie de la face, par les Drs FÉLIX TERRIER, GUILLEMAIN et MALHERBE, avec gravures. 4 fr.

Chirurgie du cou, par *les mêmes*, avec gravures. 4 fr.

Chirurgie du cœur et du péricarde, par les Drs FÉLIX TERRIER et E. REYMOND, avec 79 gravures. 3 fr.

Chirurgie de la plèvre et du poumon, par *les mêmes*, avec 67 gravures. 4 fr.

MÉDECINE

Extrait du catalogue, par ordre de spécialités.

A. — Pathologie et thérapeutique médicales.

AXENFELD ET HUCHARD. **Traité des névroses.** 2e édition, par HENRI HUCHARD. 1 fort vol. gr. in-8. 20 fr.

BOUCHUT ET DESPRÈS. **Dictionnaire de médecine et de thérapeutique médicale et chirurgicale,** comprenant le résumé de la médecine et de la chirurgie, les indications thérapeutiques de chaque maladie, la médecine opératoire, les accouchements, l'oculitisque, l'odontotechnie, les maladies d'oreilles, l'électrisation, la matière médicale, les eaux minérales, et un formulaire spécial pour chaque maladie. 6e édition, très augmentée. 1 vol. in-4, avec 1001 fig. dans le texte et 3 cartes. Broché, 25 fr.; relié 30 fr.

CORNIL ET BABÈS. **Les bactéries et leur rôle dans l'anatomie et l'histologie pathologiques des maladies infectieuses.** 3e éd. entièrement refondue. 2 vol. in-8, avec 350 fig. dans le texte en noir et en couleurs et 12 planches hors texte. 40 fr.

DAVID. **Les microbes de la bouche.** 1 vol. in-8, avec gravures en noir et en couleurs dans le texte. 10 fr.

DÉJERINE-KLUMPKE (Mme). **Des polynévrites et des paralysies et atrophies saturnines.** 1 vol. in-8. 6 fr.

DELBET (Pierre). **Du traitement des anévrysmes.** 1 vol. in-8. 5 fr.

DUCKWORTH (Sir Dyce). **La goutte,** son traitement. Trad. de l'anglais par le Dr RODET. 1 vol. gr. in-8, avec gravures dans le texte. 10 fr.

DURAND-FARDEL. **Traité des eaux minérales** de la France et de l'étranger, et de leur emploi dans les maladies chroniques. 3e édition. 1 vol. in-8. 10 fr.

FÉRÉ (Ch.). **Les épilepsies et les épileptiques.** 1 vol. gr. in-8, avec 12 planches hors texte et 67 grav. dans le texte. 20 fr.

— **La pathologie des émotions.** 1 vol. in-8. 12 fr.

FINGER (E.). **La syphilis et les maladies vénériennes.** Trad. de l'allemand avec notes par les docteurs SPILLMANN et DOYON. 2e édit. 1 vol. in-8, avec 5 planches hors texte. 12 fr.

FLEURY (Maurice de). **Introduction à la médecine de l'esprit.** 6e édit. 1 vol. in-8. 7 fr. 50

— **Les grands symptômes neurasthéniques** 2e édition, revue. 1 vol. in-8. 7 fr. 50

GAYME (L.). **Essai sur la maladie de Basedow.** 1 vol. grand in-8. 6 fr.

GLÉNARD. **Les ptoses viscérales** (Estomac, Intestin, Rein, Foie, Rate). 1 vol. gr. in-8, avec 224 fig. et 30 tableaux synoptiques. 20 fr.

GRASSET. **Les maladies de l'orientation et de l'équilibre.** 1 vol. in-8, cart à l'angl. 6 fr.

HERARD, CORNIL ET HANOT. **De la phtisie pulmonaire.** 2e éd. 1 vol. in-8, avec fig. dans le texte et pl. coloriées. 20 fr.

ICARD (S.). **La femme pendant la période menstruelle.** Étude de psychologie morbide et de médecine légale. In-8. 6 fr.

JANET (P.) ET RAYMOND (F.). **Névroses et idées fixes.**

TOME I. — *Études expérimentales sur les troubles de la volonté, de l'attention, de la mémoire; sur les émotions, les idées obsédantes et leur traitement*, par P. JANET. 1 vol. gr. in-8, avec 68 gr. 12 fr.

TOME II. — *Fragments des leçons cliniques du mardi sur les névroses, les maladies produites par les émotions, les idées obsédantes et leur traitement*, par F. RAYMOND et P. JANET. 1 vol. grand in-8, avec 97 gravures. 14 fr.

(*Ouvrage couronné par l'Académie des Sciences et par l'Académie de médecine.*)

JANET (P.) ET RAYMOND (F.) **Les obsessions et la psychasthénie.**

TOME I. — *Études cliniques et expérimentales sur les idées obsédantes, les impulsions, les manies mentales, la folie du doute, les tics, les agitations, les phobies, les délires du contact, les angoisses, les sentiments d'incomplétude, la neurasthénie, les modifications des sentiments du réel, leur pathogénie et leur traitement*, par P. JANET. 1 vol. in-8 raisin, avec gravures dans le texte. 18 fr.

TOME II. — *Fragments des leçons cliniques du mardi sur les états neurasthéniques, les aboulies, les sentiments d'incomplétude, les agitations et les angoisses diffuses, les algies, les phobies, les délires du contact, les tics, les manies mentales, les folies du doute, les idées obsédantes, les impulsions, leur pathogénie et leur traitement*, par F. RAYMOND et P. JANET. 1 vol. in-8 raisin, avec 22 grav. dans le texte. 14 fr.

LAGRANGE (F.). **Les mouvements méthodiques et la « mécanothérapie ».** 1 vol. in-8, avec 55 gravures dans le texte. 10 fr.

— **Le traitement des affections du cœur par l'exercice et le mouvement.** 1 vol. in-8, avec nombreux graphiques et une carte hors texte. 6 fr.

MARVAUD (A.). **Les maladies du soldat,** étude étiologique, épidémiologique et prophylactique. 1 vol. grand in-8. 20 fr.

(*Ouvrage couronné par l'Académie des sciences.*)

MURCHISON. **De la fièvre typhoïde.** In-8, avec figures dans le texte et planches hors texte. 3 fr.

ONIMUS ET LEGROS. **Traité d'électricité médicale.** 2e édition. 1 fort vol. in-8, avec 275 figures dans le texte. 17 fr.

RILLIET ET BARTHEZ. **Traité clinique et pratique des maladies des enfants.** 3e édition, refondue et augmentée, par BARTHEZ et A. SANNÉ.

TOME I, 1 fort vol. gr. in-8. 16 fr.
TOME II, 1 fort vol. gr. in-8. 14 fr.
TOME III terminant l'ouvrage, 1 fort vol. gr. in-8. 25 fr.

SOLLIER (Paul). **Genèse et nature de l'hystérie.** 2 forts vol. in-8. 20 fr.

SPRINGER. **La croissance.** Son rôle en pathologie. Essai de pathologie générale. 1 vol. in-8. 6 fr.

VOISIN (J.). **L'épilepsie.** 1 vol. in-8. 6 fr.

WIDE (A.). **Traité de gymnastique médicale suédoise.** Trad., annoté et augm. par le Dr Bourcart. 1 vol. in-8, avec 128 grav. 12 fr. 50

B. — Pathologie et thérapeutique chirurgicales.

ANGER (Benjamin). **Traité iconographique des fractures et luxations.** 2e tirage. 1 fort volume in-4, avec 100 planches coloriées, et 127 gravures dans le texte. Relié 150 fr.

Congrès français de chirurgie. Mémoires et discussions, publiés par MM. Pozzi et Picqué, secrétaires généraux :

1re, 2e et 3e sessions : 1885, 1886, 1888, 3 forts vol. gr. in-8, avec fig., chacun, 14 fr. — 4e session : 1889, 1 fort vol. gr. in-8, avec fig., 16 fr. — 5e session : 1891, 1 fort vol. gr. in-8, avec fig., 14 fr. — 6e session 1892, 1 fort vol. gr. in-8, avec fig., 16 fr. — 7e session : 1893, 1 fort vol. gr. in-8, 18 fr. — 8e, 9e, 10e, 11e, 12e, 13e, 14e et 15e sessions : 1894-95-96-97-98-99-1901-1902, chaque volume 20 fr.

CORNET. **Pratique de la chirurgie courante.** Préface du professeur Ollier. 1 fort vol. in-12, avec 111 gravures. 6 fr.

DE BOVIS. **Le cancer du gros intestin,** *rectum excepté.* 1 volume in-8. 5 fr.

DELORME. **Traité de chirurgie de guerre.** 2 vol. gr. in-8.
Tome I, avec 95 grav. dans le texte et une pl. hors texte. 16 fr.
Tome II, terminant l'ouvrage, avec 400 grav. dans le texte. 26 fr.
(*Ouvrage couronné par l'Académie des Sciences.*)

FRAISSE. **Principes du diagnostic gynécologique.** 1 vol. in-12, avec gravures. 5 fr.

JAMAIN et TERRIER. **Manuel de pathologie et de clinique chirurgicales.** 3e édition. Tome I, 1 fort vol. in-18, 8 fr. — Tome II, 1 vol. in-18, 8 fr. — Tome III, avec la collaboration de MM. Broca et Hartmann, 1 vol. in-18, 8 fr. — Tome IV, avec la collaboration de MM. Broca et Hartmann, 1 vol. in-18. 8 fr.

LABADIE-LAGRAVE et LEGUEU. **Traité médico-chirurgical de gynécologie.** 3e édition entièrement remaniée. 1 vol. grand in-8, avec nombreuses fig., cart. à l'angl. 25 fr.

LE FORT (Léon). **Œuvres complètes,** publiées par le Dr Lejars (1895-1896).
Tome I. — *Hygiène hospitalière, démographie, hygiène publique.* 1 vol. in-8. 20 fr.
Tome II. — *Chirurgie militaire, enseignement.* 1 vol. in-8. 20 fr.
Tome III. — *Chirurgie.* 1 vol. in-8. 20 fr.

F. LEGUEU. **Leçons de clinique chirurgicale** (Hôtel-Dieu, 1901). 1 volume grand in-8, avec 71 gravures dans le texte. 12 fr.

LIEBREICH. **Atlas d'ophtalmoscopie,** représentant l'état normal et les modifications pathologiques du fond de l'œil vues à l'ophtalmoscope. 3e édition. Atlas in-f° de 12 planches. 40 fr.

MALGAIGNE et LE FORT. **Manuel de médecine opératoire.** 9e édit. 2 vol. grand in-18, avec nombreuses fig. dans le texte. 16 fr.

NÉLATON. **Éléments de pathologie chirurgicale**, par A. NÉLATON, membre de l'Institut, professeur de clinique à la Faculté de médecine, etc. Ouvrage complet en six volumes.

Seconde édition, complètement remaniée, revue par les Drs JAMAIN, PÉAN, DESPRÈS, GILLETTE et HORTELOUP, chirurgiens des hôpitaux. 6 forts vol. gr. in-8, avec 795 figures dans le texte. 32 fr.

NIMIER ET DESPAGNET. **Traité élémentaire d'ophtalmologie.** 1 fort vol. gr. in-8, avec 432 gravures. Cart. à l'angl. 20 fr.

NIMIER ET LAVAL. **Les projectiles de guerre** et leur action vulnérante. 1 vol. in-12, avec grav. 3 fr.

— **Les explosifs, les poudres, les projectiles d'exercice,** leur action et leurs effets vulnérants. 1 vol. in-12, avec grav. 3 fr.

— **Les armes blanches,** leur action et leurs effets vulnérants. 1 vol. in-12, avec grav. 6 fr.

— **De l'infection en chirurgie d'armée,** évolution des blessures de guerre. 1 vol. in-12, avec grav. 6 fr.

— **Traitement des blessures de guerre.** 1 fort vol. in-12, avec gravures. 6 fr.

RICHARD. **Pratique journalière de la chirurgie.** 2e éd. 1 vol. gr. in-8, avec 215 fig. dans le texte. 5 fr.

SOELBERG-WELLS. **Traité pratique des maladies des yeux.** 1 fort volume gr. in-8, avec fig. 4 fr. 50

TERRIER. **Éléments de pathologie chirurgicale générale.**

1er fascicule : *Lésions traumatiques et leurs complications.* 1 vol. in-8. 7 fr.

2e fascicule : *Complications des lésions traumatiques. Lésions inflammatoires.* 1 vol. in-8. 6 fr.

F. TERRIER ET M. AUVRAY. **Chirurgie du foie et des voies biliaires.** 1 vol. grand in-8, avec 50 fig. 10 fr.

F. TERRIER ET M. PÉRAIRE. **Manuel de petite chirurgie.** 8e édition, entièrement refondue. 1 fort vol. in-12, avec 572 fig., cartonné à l'anglaise. 8 fr.

C. — Thérapeutique. Pharmacie. Hygiène.

BOSSU. **Petit Compendium médical.** 4e édit. 1 vol. in-32, cartonné à l'anglaise. 1 fr. 25

BOUCHARDAT. **Nouveau formulaire magistral,** précédé d'une Notice sur les hôpitaux de Paris, de généralités sur l'art de formuler; suivi d'un Précis sur les eaux minérales naturelles et artificielles, d'un Mémorial thérapeutique, de notions sur l'emploi des contrepoisons et sur les secours à donner aux empoisonnés et aux asphyxiés. 1900, 32e édition, revue et corrigée. 1 vol. in-18, broché, 3 fr. 50; cartonné, 4 fr.; relié 4 fr. 50

BOUCHARDAT ET DESOUBRY. **Formulaire vétérinaire,** contenant le mode d'action, l'emploi et les doses des médicaments. 6e édit. 1 vol. in-18, broché, 3 fr. 50; cartonné, 4 fr.; relié 4 fr. 50

BOUCHARDAT. **De la glycosurie ou diabète sucré,** son traitement hygiénique. 2e édition. 1 vol. grand in-8, suivi de notes et documents sur la nature et le traitement de la goutte, la gravelle urique, sur l'oligurie, le diabète insipide avec excès d'urée, l'hippurie, la pimélorrhée, etc. 15 fr.

BOUCHARDAT. **Traité d'hygiène publique et privée,** basée sur l'étiologie. 3ᵉ édition, 1 fort volume gr. in-8. 18 fr.

LAGRANGE (F.). **La médication par l'exercice.** 1 vol. grand in-8, avec 68 grav. et une carte. 12 fr.

— **Les mouvements méthodiques et la « mécanothérapie ».** 1 vol. in-8, avec 55 gravures. 10 fr.

A. MOSSÉ. **Le diabète et l'alimentation aux pommes de terre.** 1 volume in-8, avec graphiques. 5 fr.

WEBER. **Climatothérapie.** Traduit de l'allemand par les docteurs DOYON et SPILMANN. 1 vol. in-8. 6 fr.

D. — Anatomie. Physiologie. Histologie.

BELZUNG. **Anatomie et physiologie végétales.** 1 fort volume in-8, avec 1700 gravures. 20 fr.

— **Anatomie et physiologie animales.** 9ᵉ édition revue. 1 fort volume in-8, avec 522 gravures dans le texte, broché, 6 fr.; cart. 7 fr.

BÉRAUD (B.-J.). **Atlas complet d'anatomie chirurgicale topographique,** pouvant servir de complément à tous les ouvrages d'anatomie chirurgicale, composé de 109 planches représentant plus de 200 figures gravées sur acier, avec texte explicatif. 1 fort vol. in-4.

Prix : Fig. noires, relié, 60 fr. — Fig. coloriées, relié, 120 fr.

BURDON-SANDERSON, FOSTER ET BRUNTON. **Manuel du laboratoire de physiologie.** Traduit de l'anglais par M. MOQUIN-TANDON. 1 vol. in-8, avec 184 figures dans le texte. 7 fr.

CORNIL, RANVIER, BRAULT ET LETULLE. **Manuel d'histologie pathologique.** 3ᵉ édition entièrement remaniée.

TOME I, par MM. RANVIER, CORNIL, BRAULT, F. BEZANÇON et M. CAZIN. — *Histologie normale.* — *Cellules et tissus normaux.* — *Généralités sur l'histologie pathologique.* — *Altération des cellules et des tissus.* — *Inflammations.* — *Tumeurs.* — *Notions sur les bactéries.* — *Maladies des systèmes et des tissus.* — *Altérations du tissu conjonctif.* 1 vol. in-8, avec 387 gravures en noir et en couleurs. 25 fr.

TOME II, par MM. DURANTE, JOLLY, DOMINICI, GOMBAULT et PHILLIPE. — *Muscles.* — *Sang et hématopoïèse.* — *Généralités sur le système nerveux.* 1 vol. in-8, avec gravures en noir et en couleurs. 25 fr.

L'ouvrage complet comprendra 4 volumes.

DEBIERRE. **Traité élémentaire d'anatomie de l'homme.** Anatomie descriptive et dissection, avec notions d'organogénie et d'embryologie générales. Ouvrage complet en 2 volumes. 40 fr.

TOME I. *Manuel de l'amphithéâtre.* 1 vol. in-8 de 950 pages, avec 450 figures en noir et en couleurs dans le texte. 20 fr.

TOME II ET DERNIER. 1 vol. in-8, avec 515 figures en noir et en couleurs dans le texte. 20 fr.

(Ouvrage couronné par l'Académie des sciences.)

DEBIERRE. **Les Centres nerveux** (Moelle épinière et encéphale), avec applications physiologiques et médico-chirurgicales. 1 vol. in-8, avec grav. en noir et en couleurs. 12 fr.

— **Atlas d'ostéologie,** comprenant les articulations des os et les insertions musculaires. 1 vol. in-4, avec 253 grav. en noir et en couleurs, cart. toile dorée. 12 fr.

— **Leçons sur le péritoine.** 1 vol. in-8, avec 58 figures. 4 fr.

— **L'embryologie en quelques leçons.** 1 vol. in-8, avec 144 fig. 4 fr.

G. DEMENY. **Mécanisme et éducation des mouvements.** 1 vol. in-8, avec nombreuses figures. (*Sous presse.*)

DUVAL (Mathias). **Le placenta des rongeurs.** 1 beau vol. in-4, avec 106 figures dans le texte et un atlas de 22 planches en taille-douce hors texte. 40 fr.

— **Le placenta des carnassiers.** 1 beau vol. in-4, avec 46 figures dans le texte et un atlas de 13 planches en taille-douce. 25 fr.

— **Études sur l'embryologie des chéiroptères.** *L'ovule, la gastrula, le blastoderme et l'origine des annexes chez le murin.* 1 fort vol., avec 29 fig. dans le texte et 5 planches en taille-douce. 15 fr.

FAU. **Anatomie des formes du corps humain,** à l'usage des peintres et des sculpteurs. 1 atlas in-folio de 25 planches. Prix : Figures noires, 15 fr. — Figures coloriées 30 fr.

LABORDE. **Les tractions rythmées de la langue,** traitement physiologique de la mort. 2e édition. 1 vol. in-12. 5 fr.

LE DANTEC. **Traité de Biologie.** 1 vol. grand in-8, avec fig. 15 fr.

PREYER. **Éléments de physiologie générale.** Traduit de l'allemand par M. J. Soury. 1 vol. in-8. 5 fr.

— **Physiologie spéciale de l'embryon.** 1 vol. in-8, avec figures et 9 planches hors texte. 7 fr. 50

MINISTRES ET HOMMES D'ÉTAT

Volumes in-16, à 2 fr. 50

Bismarck, par Henri Welschinger.

Prim, par H. Léonardon.

Disraeli, par M. Courcelle.

Mac Kinley, par A. Viallate.

Ôkoubo, ministre japonais, par M. Courant.

BIBLIOTHÈQUE UTILE

Élégants volumes in-32, de 192 pages chacun.

Le volume broché, **60** centimes ; en cartonnage anglais, **1** franc.

1. **Morand.** Introduction à l'étude des sciences physiques. 6e éd.
2. **Cruveilhier.** Hygiène générale. 9e édit.
3. **Corbon.** De l'enseignement professionnel. 4e édit.
4. **L. Pichat.** L'art et les artistes en France. 5e édit.
5. **Buchez.** Les Mérovingiens. 6e éd.
6. **Buchez.** Les Carlovingiens. 2e éd.
7. **F. Morin.** La France au moyen âge. 5e édit.
8. **Bastide.** Luttes religieuses des premiers siècles. 5e édit.
9. **Bastide.** Les guerres de la Réforme. 5e édit.
10. **Pelletan.** Décadence de la monarchie française. 5e édit.
11. **Brothier.** Histoire de la terre. 8e éd.
12. **Bouant.** Les principaux faits de la chimie (avec fig.).
13. **Turck.** Médecine populaire. 6e édit.
14. **Morin.** La loi civile en France. 5e édit.
15. (*Épuisé.*)
16. **Ott.** L'Inde et la Chine. 3e édit.
17. **Catalan.** Notions d'astronomie. 6e édit.
18. **Cristal.** Les délassements du travail. 4e édit.
19. **V. Meunier.** Philosophie zoologique. 3e édit.
20. **J. Jourdan.** La justice criminelle en France. 4e édit.
21. **Ch. Rolland.** Histoire de la maison d'Autriche. 4e édit.
22. **Eug. Despois.** Révolution d'Angleterre. 4e édit.
23. **B. Gastineau.** Les génies de la science et de l'industrie. 2e éd.
24. **Leneveux.** Le budget du foyer. Economie domestique. 3e édit.
25. **L. Combes.** La Grèce ancienne. 4e édit.
26. **F. Lock.** Histoire de la Restauration. 5e édit.
27. **Brothier.** Histoire populaire de la philosophie. (*Épuisé.*)
28. **Elie Margollé.** Les phénomènes de la mer. 7e édit.
29. **L. Collas.** Histoire de l'empire ottoman. 3e édit.
30. **F. Zurcher.** Les phénomènes de l'atmosphère. 7e édit.
31. **E. Raymond.** L'Espagne et le Portugal. 3e édit.
32. **Eugène Noël.** Voltaire et Rousseau. 4e édit.
33. **A. Ott.** L'Asie occidentale et l'Egypte. 3e édit.
34. **Ch. Richard.** Origine et fin des mondes. (*Épuisé.*)
35. **Enfantin.** La vie éternelle. 5e éd.
36. **Brothier.** Causeries sur la mécanique. 5e édit.
37. **Alfred Doneaud.** Histoire de la marine française. 4e édit.
38. **F. Lock.** Jeanne d'Arc. 3e édit.
39-40. **Carnot.** Révolution française. 2 vol. 7e édit.
41. **Zurcher et Margollé.** Télescope et microscope. 2e édit.
42. **Blerzy.** Torrents, fleuves et canaux de la France. 3e édit.
43. **Secchi, Wolf, Briot et Delaunay.** Le soleil et les étoiles. 5e édit.
44. **Stanley Jevons.** L'économie politique. 8e édit.
45. **Ferrière.** Le darwinisme. 7e éd.
46. **Leneveux.** Paris municipal. 2e édit.
47. **Boillot.** Les entretiens de Fontenelle sur la pluralité des mondes.
48. **Zevort (Edg.).** Histoire de Louis-Philippe. 3e édit.
49. **Geikie.** Géographie physique (avec fig.). 4e édit.
50. **Zaborowski.** L'origine du langage. 5e édit.
51. **H. Blerzy.** Les colonies anglaises.
52. **Albert Lévy.** Histoire de l'air (avec fig.). 4e édit.
53. **Geikie.** La géologie (avec fig.). 4e édit.
54. **Zaborowski.** Les migrations des animaux. 3e édit.
55. **F. Paulhan.** La physiologie de l'esprit. 5e édit.
56. **Zurcher et Margollé.** Les phénomènes célestes. 3e édit.
57. **Girard de Rialle.** Les peuples de l'Afrique et de l'Amérique. 2e éd.
58. **Jacques Bertillon.** La statistique humaine de la France.

BIBLIOTHÈQUE GÉNÉRALE DES SCIENCES SOCIALES

SECRÉTAIRE DE LA RÉDACTION :

DICK MAY, Secrétaire général de l'École des Hautes Études sociales.

Volumes in-8° carré de 300 pages environ, cartonnés à l'anglaise.

Chaque volume, 6 fr.

L'individualisation de la peine, par R. SALEILLES, professeur à la Faculté de droit de l'Université de Paris.

L'idéalisme social, par EUGÈNE FOURNIÈRE.

Ouvriers du temps passé (XVe et XVIe siècles), par H. HAUSER, professeur à l'Université de Dijon.

Les transformations du pouvoir, par G. TARDE, de l'Institut, professeur au Collège de France.

Morale sociale. Leçons professées au Collège des sciences sociales, par MM. G. BELOT, MARCEL BERNÈS, BRUNSCHVICG, F. BUISSON, DARLU, DAURIAC, DELBET, CH. GIDE, M. KOVALEVSKY, MALAPERT, le R. P. MAUMUS, DE ROBERTY, G. SOREL, le PASTEUR WAGNER. Préface de M. ÉMILE BOUTROUX, de l'Institut.

Les enquêtes, *pratique et théorie*, par P. DU MAROUSSEM. *(Ouvrage couronné par l'Institut.)*

Questions de morale. Leçons professées à l'École de morale, par MM. BELOT, BERNÈS, F. BUISSON, A. CROISET, DARLU, DELBOS, FOURNIÈRE, MALAPERT, MOCH, D. PARODI, G. SOREL.

Le développement du catholicisme social, depuis l'encyclique *Rerum Novarum*, par MAX TURMANN.

Le socialisme sans doctrines. *La question ouvrière et agraire en Australie et Nouvelle-Zélande*, par A. MÉTIN, agrégé de l'Université.

L'éducation morale dans l'Université *(Enseignement secondaire)*. Conférences et discussions, sous la présidence de M. A. CROISET, doyen de la Faculté des lettres de l'Université de Paris. *(École des Hautes Études sociales*, 1900-1901).

La méthode historique appliquée aux sciences sociales, par CH. SEIGNOBOS, maître de conf. à l'Univ. de Paris.

Assistance sociale. *Pauvres et mendiants*, par PAUL STRAUSS, sénateur.

L'hygiène sociale, par E. DUCLAUX, de l'Institut, directeur de l'Institut Pasteur.

Le Contrat de travail. *Le rôle des syndicats professionnels*, par P. BUREAU, professeur à la Faculté libre de droit de Paris.

Essai d'une philosophie de la solidarité. Conférences et discussions, sous la présidence de MM. LÉON BOURGEOIS, député, ancien président du Conseil des ministres, et A. CROISET, de l'Institut, doyen de la Faculté des lettres de Paris. *(Ecole des Hautes Etudes sociales*, 1901-1902).

L'exode rural et le retour aux champs, par E. VANDERVELDE, professeur à l'Université nouvelle de Bruxelles.

La lutte pour l'existence et l'évolution des sociétés, par J.-L. DE LANESSAN, député, ancien ministre de la Marine.

BIBLIOTHÈQUE
D'HISTOIRE CONTEMPORAINE

Volumes in-18 et in-8

EUROPE

HISTOIRE DE L'EUROPE PENDANT LA RÉVOLUTION FRANÇAISE, par *H. de Sybel*. Traduit de l'allemand par Mlle Dosquet. 6 vol. in-8 . . 42 fr.

HISTOIRE DIPLOMATIQUE DE L'EUROPE, DE 1815 A 1878, par *Debidour*. 2 vol. in-8. . . . . 18 fr.

LA QUESTION D'ORIENT, depuis ses origines jusqu'à nos jours, par *E. Driault*; préface de *G. Monod*. 1 vol. in-8. 2e édit. . . . . 7 fr.

FRANCE

LA RÉVOLUTION FRANÇAISE, par *H. Carnot*. 1 vol. in-18. Nouv. éd. 3 fr. 50

LE CULTE DE LA RAISON ET LE CULTE DE L'ÊTRE SUPRÊME (1793-1794). Étude historique, par *Aulard*. 1 vol. in-18. . . . . 3 fr. 50

ÉTUDES ET LEÇONS SUR LA RÉVOLUTION FRANÇAISE, par *Aulard*. 3 vol. in-18. Chacun . . . . 3 fr. 50

VARIÉTÉS RÉVOLUTIONNAIRES, par *M. Pellet*. 3 vol. in-18. Chacun 3 fr. 50

LES CAMPAGNES DES ARMÉES FRANÇAISES (1792-1815), par *C. Vallaux*. 1 vol. in-18, avec 17 cartes. . . . . 3 fr. 50

NAPOLÉON ET LA SOCIÉTÉ DE SON TEMPS, par *P. Bondois*. 1 vol. in-8. 7 fr.

HISTOIRE DE LA RESTAURATION, par *de Rochau*. 1 vol. in-18. . 3 fr. 50

HISTOIRE DE DIX ANS, par *Louis Blanc*. 5 vol. in-8. . . . . 25 fr.

HISTOIRE DU SECOND EMPIRE (1848-1870), par *Taxile Delord*. 6 vol. in-8 42 fr.

HISTOIRE DU PARTI RÉPUBLICAIN (1814-1870), par *G. Weill*. 1 v. in-8. 10 fr.

HISTOIRE DE LA TROISIÈME RÉPUBLIQUE, par *E. Zevort* :

I. *Présidence de M. Thiers*. 1 vol. in-8. 2e édit. . . . . 7 fr.

II. *Présidence du Maréchal*. 1 vol. in-8. 2e édit. . . . . . 7 fr.

III. *Présidence de Jules Grévy*. 1 vol. in-8. . . . . 7 fr.

IV. *Présidence de Sadi-Carnot*. 1 vol. in-8. . . . . 7 fr.

HISTOIRE DE LA LIBERTÉ DE CONSCIENCE EN FRANCE (1595-1870), par *G. Bonet-Maury*. 1 vol. in-8. . . . . 5 fr.

LES CIVILISATIONS TUNISIENNES (Musulmans, Israélites, Européens), par *Paul Lapie*. 1 vol. in-18. . . . . 3 fr. 50

HOMMES ET CHOSES DE LA RÉVOLUTION, par *Eug. Spuller*. 1 vol. in-18. . . . . 3 fr. 50

LA FRANCE POLITIQUE ET SOCIALE, par *Aug. Laugel*. 1 vol. in-8. 5 fr.

HISTOIRE DES RAPPORTS DE L'EGLISE ET DE L'ETAT EN FRANCE (1789-1870), par *A. Debidour*. 1 vol. in-8 . . . . 12 fr.

LES COLONIES FRANÇAISES, par *P. Gaffarel*. 1 vol. in-8. 6e éd. . . 5 fr.

LA FRANCE HORS DE FRANCE. *Notre émigration, sa nécessité, ses conditions*, par *J.-B. Piolet*. 1 vol. in-8 . . . . 10 fr.

L'INDO-CHINE FRANÇAISE, étude économique, politique et administrative sur *la Cochinchine, le Cambodge, l'Annam et le Tonkin*. (Médaille Dupleix de la Société de Géographie commerciale), par *J.-L. de Lanessan*. 1 vol. in-8, avec 5 cartes en couleurs. . . . . 15 fr.

L'ALGÉRIE, par *M. Wahl*. 1 vol. in-8. 3e édition. (Ouvrage couronné par l'Institut) . . . . 5 fr.

ANGLETERRE

HISTOIRE CONTEMPORAINE DE L'ANGLETERRE, depuis la mort de la reine Anne jusqu'à nos jours, par *H. Reynald*. 1 vol. in-18. 2e éd. 3 fr. 50

LORD PALMERSTON ET LORD RUSSELL, par *Aug. Laugel*. 1 vol. in-18. 3 fr. 50

Le socialisme en Angleterre, par *Albert Métin*. 1 vol. in-18. 3 fr. 50
Histoire gouvernementale de l'Angleterre (1770-1830), par *Cornewal Lewis*. 1 vol. in-8 . . . . 7 fr.

ALLEMAGNE

Histoire de la Prusse, depuis la mort de Frédéric II jusqu'à la bataille de Sadowa, par *Eug. Véron*. 1 vol. in-18. 6e éd., revue par *Paul Bondois* . . . . 3 fr. 50
Histoire de l'Allemagne, depuis la bataille de Sadowa jusqu'à nos jours, par *Eug. Véron*. 1 vol. in-18, 3e éd., continuée jusqu'en 1892, par *Paul Bondois*. . . . . 3 fr. 50
Le socialisme allemand et le nihilisme russe, par *J. Bourdeau*. 1 vol. in-18. 2e édition. 3 fr. 50
Les origines du socialisme d'état en Allemagne, par *Ch. Andler*. 1 vol. in-8. 7 fr.
L'Allemagne nouvelle et ses historiens (*Niebuhr, Ranke, Mommsen, Sybel, Treitschke*), par *A. Guilland*. 1 vol. in-8 . . . . 5 fr.
La démocratie socialiste allemande, par *Edg. Milhaud*. 1 vol. in-8 . . . . 10 fr.
La Prusse et la Révolution de 1848, par *P. Matter*. 1 vol. in-18 . . . . 3 fr. 50

AUTRICHE-HONGRIE

Histoire de l'Autriche, depuis la mort de Marie-Thérèse jusqu'à nos jours, par *L. Asseline*. 1 vol. in-18. 3e édition. . . . . . . 3 fr. 50
Les Tchèques et la Bohême contemporaine, par *J. Bourlier*. 1 vol. in-18. 3 fr. 50
Les races et les nationalités en Autriche-Hongrie, par *B. Auerbach*. 1 vol. in-8 . . . . 5 fr.
Histoire des Hongrois et de leur littérature politique (1790-1815), par *Ed. Sayous*. 1 vol. in-18 . . . . 3 fr. 50
Le pays magyar, par *R. Recouly*. 1 vol. in-18. . . . . 3 fr. 50

ESPAGNE

Histoire de l'Espagne, depuis la mort de Charles III jusqu'à nos jours par *H. Reynald*. 1 vol. in-18 . . . . 3 fr. 50

RUSSIE

Histoire contemporaine de la Russie, depuis la mort de Paul Ier jusqu'à l'avènement de Nicolas II, par *M. Créhange*. 1 vol. in-18. 2e édition . . . . 3 fr. 50

SUISSE

Histoire du peuple suisse, par *Daendliker*; précédé d'une Introduction par *Jules Favre*. 1 vol. in-8. . . . . 5 fr.

AMÉRIQUE

Histoire de l'Amérique du Sud, par *Alf. Deberle*. 1 vol. in-18. 3e éd., revue par *A. Milhaud*. 3 fr. 50

ITALIE

Histoire de l'unité italienne (1814-1871), par *Bolton King*. Traduit de l'anglais par *Macquart*; introduction de *Yves Guyot*. 2 vol. in-8. 15 fr.
Histoire de l'Italie, depuis 1815 jusqu'à la mort de Victor-Emmanuel, par *E. Sorin*. 1 vol. in-18 . . . . 3 fr. 50
Bonaparte et les républiques italiennes (1796-1799), par *P. Gaffarel*. 1 vol. in-8 . . . . 5 fr.

ROUMANIE

Histoire de la Roumanie contemporaine (1822-1900), par *F. Damé*. 1 vol. in-8. . . . . 7 fr.

GRÈCE et TURQUIE

La Turquie et l'hellénisme contemporain, par *V. Bérard*. 1 vol. in-18. 4e éd. (*Ouvrage couronné par l'Académie française*) . . . . 3 fr. 50

Bonaparte et les iles Ioniennes (1797-1816), par *E. Rodocanachi*. 1 vol. in-8. . . . . 5 fr.

CHINE

Histoire des relations de la Chine avec les puissances occidentales (1860-1900), par *H. Cordier* :

Tome I. — 1861-1875. 1 vol. in-8, avec cartes. . . . . . . 10 fr.
Tome II. — 1876-1887. 1 vol. in-8, avec cartes. . . . . . . 10 fr.
Tome III. — 1888-1902. 1 vol. in-8, avec cartes et index. . . 10 fr.

En Chine. Mœurs et institutions — Hommes et faits, par *Maurice Courant*. 1 vol. in-18. . . . . 3 fr. 50

ÉGYPTE

La transformation de l'Égypte, par *Alb. Métin*. 1 vol. in-18. 3 fr. 50

E. Driault. Les problèmes politiques et sociaux a la fin du xixe siècle. 1 vol. in-8. . . . . 7 fr.

Jules Barni. Histoire des idées morales et politiques en France au xviiie siècle. 2 vol. in-18, chaque volume . . . . . . 3 fr. 50

Jules Barni. Les moralistes français au xviiie siècle. 1 vol. in-18 . . . . 3 fr. 50

E. de Laveleye. Le socialisme contemporain. 1 volume in-18. 11e édition, augmentée. . . . . 3 fr. 50

E. Despois. Le vandalisme révolutionnaire. 1 vol. in-18. 4e éd. 3 fr. 50

Eug. Spuller. Figures disparues, portraits contemporains, littéraires et politiques. 3 vol. in-18, chaque volume. . . . . 3 fr. 50

Eug. Spuller. L'éducation de la démocratie. 1 vol. in-18. 3 fr. 50

Eug. Spuller. L'évolution politique et sociale de l'Église. 1 vol. in-18 . . . . 3 fr. 50

G. Schefer. Bernadotte roi (1810-1818-1844). 1 vol. in-8. . 5 fr.

G. Guéroult. Le centenaire de 1789. Évolution politique, philos., artistique et scientifique de l'Europe depuis cent ans. In-18. 3 fr. 50

Joseph Reinach. Pages républicaines. 1 vol. in-18. . . . 3 fr. 50

Hector Depasse. Transformations sociales. 1 vol. in-18. 3 fr. 50

Hector Depasse. Du travail et de ses conditions. 1 vol. in-18. . . . . 3 fr. 50

Eug. d'Eichthal. Souveraineté du peuple et gouvernement. 1 vol. in-18. . . . . 3 fr. 50

G. Isambert. La vie a Paris pendant une année de la Révolution (1791-1792). 1 vol. in-18. . . . . 3 fr. 50

G. Weill. L'école saint-simonienne. 1 vol. in-18 . . 3 fr. 50

A. Lichtenberger. Le socialisme utopique. 1 vol. in-18. 3 fr. 50

A. Lichtenberger. Le socialisme et la Révolution française. 1 vol. in-8. . . . . 5 fr.

Paul Matter. La dissolution des assemblées parlementaires. 1 vol. in-8. . . . . 5 fr.

J. Bourdeau. L'évolution du socialisme. 1 vol. in-18. . . 3 fr. 50

Em. Beaussire. La guerre étrangère et la guerre civile. 1 vol. in-18. . . . . 3 fr. 50

BIBLIOTHÈQUE DE PHILOSOPHIE CONTEMPORAINE

VOLUMES IN-12.

Br., 2 fr. 50; cart. à l'angl., 3 fr.; reliés, 4 fr.

Alaux.
Philosophie de Victor Cousin.

R. Allier.
Philosophie d'Ernest Renan.

L. Arréat.
La morale dans le drame, l'épopée et le roman. 2e édition.
Mémoire et imagination (peintres, musiciens, poètes et orateurs).
Les croyances de demain.
Dix ans de philosophie (1890-1900).

G. Ballet.
Langage intérieur et aphasie. 2e éd.

Beaussire.
Antécédents de l'hégélianisme dans la philosophie française.

Bergson.
Le rire. 2e édit.

Ernest Bersot.
Libre philosophie.

Bertauld.
De la philosophie sociale.

Binet.
Psychologie du raisonnement. 3e éd.

Hervé Blondel.
Les approximations de la vérité.

C. Bouglé.
Les sciences sociales en Allemagne. 2e édit.

E. Boutroux.
Conting. des lois de la nature. 4e éd.

Brunschvicg.
Introduction à la vie de l'esprit.

Carus.
La conscience du moi.

B. Conta.
Les fondements de la métaphysique.

Coste.
Dieu et l'âme. 2e édit.

A. Cresson.
La morale de Kant.

G. Danville.
La psychologie de l'amour. 3e édit.

L. Dauriac.
La psychol. dans l'Opéra français.

Delbœuf.
Matière brute et matière vivante.

L. Dugas.
Le psittacisme et la pensée symbolique.
La timidité. 3e édit.

Dunan.
Théorie psychologique de l'espace.

Duprat.
Les causes sociales de la folie.

Durand (de Gros).
Questions de philosophie morale et sociale.

E. Durkheim.
Les règles de la méthode sociologique. 2e édit.

E. d'Eichthal.
Correspondance inédite de J. Stuart Mill avec G. d'Eichthal.
Les probl. sociaux et le socialisme.

A. Espinas.
La philosophie expérimentale en Italie.

E. Faivre.
De la variabilité des espèces.

Ch. Féré.
Sensation et mouvement. 2e édit.
Dégénérescence et criminalité. 3e éd.

E. Ferri.
Les criminels dans l'art et la littérature. 2e édit.

Fierens-Gevaert.
Essai sur l'art contemporain. 2e éd.
La tristesse contemporaine. 3e éd.
Psychologie d'une ville. Essai sur Bruges. 2e édit.

M. de Fleury.
L'âme du criminel.

Fonsegrive.
La causalité efficiente.

E. Fournière.
Essai sur l'individualisme.

Ad. Franck.
Philosophie du droit pénal. 5e édit.
Des rapports de la religion et de l'État. 2e édit.
La philosophie mystique en France au XVIIIe siècle.

Gauckler.
Le beau et son histoire.

G. de Greef.
Les lois sociologiques. 3e édit.

Guyau.
La genèse de l'idée de temps. 2e éd.

E. de Hartmann.
La Religion de l'avenir. 5e édition.
Le Darwinisme. 7e édition.

R. C. Herckenrath.
Probl. d'esthétique et de morale.

Marie Jaëll.
La musique et la psycho-physiologie.

Paul Janet.
La philosophie de Lamennais.

J. Lachelier.
Du fondement de l'induction. 4e éd.

Mme Lampérière.
Le rôle social de la femme.

A. Landry.
La responsabilité pénale.

J.-L. de Lanessan.
Morale des philosophes chinois.

Lange.
Les émotions. 2e édit.

Lapie.
La justice par l'État.

Auguste Laugel.
L'Optique et les Arts.

Gustave Le Bon.
Lois psychologiques de l'évolution des peuples. 5e éd.
La psychologie des foules. 6e éd.

Lechalas.
Étude sur l'espace et le temps.

F. Le Dantec.
Le déterminisme biologique.
L'individualité et l'erreur individualiste.
Lamarckiens et darwiniens.

G. Lefèvre.
Obligation morale et idéalisme.

Liard.
Les Logiciens anglais contemporains. 4e édition.
Définitions géométriques. 3e édit.

H. Lichtenberger.
La philosophie de Nietzsche. 6e éd.
Aphorismes et fragments choisis de Nietzsche. 2e édit.

Lombroso.
L'anthropologie criminelle. 4e éd.
Nouvelles recherches de psychiatrie et d'anthropologie criminelle.
Les applications de l'anthropologie criminelle.

John Lubbock.
Le bonheur de vivre. 2 vol. 6e éd.
L'emploi de la vie. 4e édit.

G. Lyon.
La philosophie de Hobbes.

E Marguery.
L'œuvre d'art et l'évolution.

Mariano.
La Philosophie contemp. en Italie.

Marion.
J. Locke, sa vie, son œuvre. 2e édit.

Maus.
La justice pénale.

Mauxion.
L'éducation par l'instruction et les théories pédagogiques de Herbart.

G. Milhaud.
Essai sur les conditions et les limites de la certitude logique. 2e édit.
Le Rationnel.

Mosso.
La peur. 2e éd.
La fatigue intellect. et phys. 3e éd.

E. Murisier.
Les maladies du sentiment religieux. 2e édit.

E. Naville.
Nouvelle classification des sciences. 2e édit.

Max Nordau.
Paradoxes psychologiques. 4e éd.
Paradoxes sociologiques. 3e édit.
Psycho-physiologie du génie et du talent. 3e édit.

Novicow.
L'avenir de la race blanche.

Ossip-Lourié.
Pensées de Tolstoï. 2e édit.
Philosophie de Tolstoï. 2e édit.
La philos. soc. dans le théât. d'Ibsen.

G. Palante.
Précis de sociologie. 2e édit.

Paulhan.
Les phénomènes affectifs. 2e édit.
J. de Maistre, sa philosophie.
Psychologie de l'invention.

F. Pillon.
La philosophie de Charles Secrétan.

Mario Pilo.
La psychologie du beau et de l'art.

Pioger.
Le monde physique.

Queyrat.
L'imagination chez l'enfant. 3e édit.
L'abstraction, son rôle dans l'éducation intellectuelle.
Les caractères et l'éducation morale.

P. Regnaud.
Précis de logique évolutionniste.
Comment naissent les mythes.

Charles de Rémusat.
Philosophie religieuse.

G. Renard.
Le régime socialiste. 3e édit.

Th. Ribot.
La philos. de Schopenhauer. 9e éd.
Les maladies de la mémoire. 15e éd.
Les maladies de la volonté. 17e éd.
Les maladies de la personnalité. 10e édit.
La psychologie de l'attention. 7e éd.

G. Richard.
Socialisme et science sociale. 2e éd.

Ch. Richet.
Psychologie générale. 5e éd.

De Roberty.
L'inconnaissable.
L'agnosticisme. 2e édit.
La recherche de l'Unité.
Auguste Comte et H. Spencer. 2e éd.
Le bien et le mal.
Psychisme social.
Fondements de l'éthique.
Constitution de l'éthique.

Roisel.
De la substance.
L'idée spiritualiste. 2e édit.

Émile Saisset.
L'âme et la vie.

Schœbel.
Philosophie de la raison pure.

Schopenhauer.
Le libre arbitre. 9e édition.
Le fondement de la morale. 8e édit.
Pensées et fragments. 17e édition.

Camille Selden.
La Musique en Allemagne.

Herbert Spencer.
Classification des sciences. 7e édit.
L'individu contre l'Etat. 5e éd.

Stuart Mill.
Auguste Comte et la philosophie positive. 6e édition.
L'Utilitarisme. 3e édition.

Tanon.
L'évol. du droit et la conscience soc

Tarde.
La criminalité comparée. 5e éd.
Les transformations du droit. 2e éd.
Les lois sociales. 2e édit.

Thamin.
Éducation et positivisme. 2e éd.

P.-F. Thomas.
La suggestion, son rôle dans l'éducation intellectuelle. 2e édit.
Morale et éducation.

Tissié.
Les rêves. 2e édit.

Vianna de Lima.
L'homme selon le transformisme.

T. Wechniakoff.
Savants, penseurs et artistes.

Wundt.
Hypnotisme et suggestion.

Zeller.
Christ. Baur et l'école de Tubingue.

Th. Ziegler.
La question sociale est une question morale. 3e éd.

Derniers volumes publiés :

L. Arréat.
Le sentiment religieux en France.

C. Bos.
Psychologie de la croyance.

M. Boucher.
Essai sur l'hyperespace, le temps, la matière et l'énergie.

L. Dugas.
Psychologie du rire.

Duprat.
Le mensonge.

Encausse (Papus).
L'occultisme et le spiritualisme. 2e édit.

E. Goblot.
Justice et liberté.

J. Grasset.
Les limites de la biologie. 2e édit.

W. James.
La théorie de l'émotion.

Ossip-Lourié.
Nouvelles pensées de Tolstoï.

Paulhan.
Analyses et esprits synthétiques.

J. Philippe.
L'image mentale.

Queyrat.
La logique chez l'enfant et sa culture.

De Roberty.
Frédéric Nietzsche.

Sully Prudhomme et Ch. Richet.
Le problème des causes finales. 2e édition.

VOLUMES IN-8.

Brochés, à 5, 7 50 et 10 fr.; cart. angl., 1 fr. de plus par vol.; reliure, 2 fr.

Ch. Adam.
La philosophie en France (première moitié du XIXe siècle). 7 fr. 50

Agassiz.
De l'espèce et des classifications. 5 fr.

Alengry.
La sociologie chez Aug. Comte. 10 fr.

Matthew Arnold.
La crise religieuse. 7 fr. 50

Arréat.
Psychologie du peintre. 5 fr.

P. Aubry.
La contag. du meurtre. 3e éd. 5 fr.

Alex. Bain
La logique inductive et déductive. 3e édit. 2 vol. 20 fr.
Les sens et l'intell. 3e édit. 10 fr.

J.-M. Baldwin.
Le développement mental chez l'enfant et dans la race. 7 fr. 50

Barthélemy Saint-Hilaire.
La philosophie dans ses rapports avec les sciences et la religion. 5 fr.

Barzellotti.
La philosophie de H. Taine. 7 fr. 50

Bergson.
Essai sur les données immédiates de la conscience. 3e édit. 3 fr. 75
Matière et mémoire. 3e édit. 5 fr.

A. Bertrand.
L'enseigement intégral. 5 fr.
Les études dans la démocratie. 5 fr.

Em. Boirac.
L'idée du phénomène. 5 fr.

Bouglé.
Les idées égalitaires. 3 fr. 75

L. Bourdeau.
Le problème de la mort. 3e éd. 5 fr.
Le problème de la vie. 7 fr. 50

Bourdon.
L'expression des émotions et des tendances dans le langage. 7 fr. 50

Em. Boutroux.
Études d'histoire de la philosophie. 2e édit. 7 fr. 50

L. Bray.
Du beau. 5 fr.

Brochard.
De l'erreur. 2e éd. 5 fr.

Brunschvicg.
Spinoza. 3 fr. 75
La modalité du jugement 5 fr.

Ludovic Carrau.
La philosophie religieuse en Angleterre depuis Locke. 5 fr.

Clay.
L'alternative. 2e éd. 10 fr.

Ch. Chabot.
Nature et moralité. 5 fr.

Collins.
Résumé de la phil. de H. Spencer. 3e éd. 10 fr.

Aug. Comte.
La sociologie. 7 fr. 50

B. Conta.
Théorie de l'ondulation universelle. 3 fr. 75

A. Coste.
Principes d'une sociol. obj. 3 fr. 75
L'expérience des peuples. 10 fr.

Crépieux-Jamin.
L'écriture et le caractère. 4e éd. 7 fr. 50

Dewaule.
Condillac et la psychologie anglaise contemporaine. 5 fr.

G. Dumas
La tristesse et la joie. 7 fr. 50

G.-L. Duprat.
L'instabilité mentale. 5 fr.

Duproix.
Kant et Fichte et le problème de l'éducation. 2e édit. 5 fr.

Durand (de Gros).
Taxinomie générale. 5 fr.
Esthétique et morale. 5 fr.
Variétés philosophiques. 2e éd. 5 fr.

Durkheim.
De la div. du trav. soc. 2e éd. 7 fr. 50
Le suicide, étude sociolog. 7 fr. 50
L'année sociologique. 6 volumes : 1896-97, 1897-98, 1898-99, 1899-1900, 1900-1901. Séparément 10 fr.
1901-1902. 12 fr. 50

A. Espinas.
La philosophie sociale au XVIIIe siècle et la Révolution. 7 fr. 50

G. Ferrero.
Les lois psychologiques du symbolisme. 5 fr.

Louis Ferri.
La psychologie de l'association, depuis Hobbes. 7 fr. 50

Flint.
La philosophie de l'histoire en Allemagne. 7 fr. 50

Fonsegrive.
Le libre arbitre. 2e éd. 10 fr.
M. Foucault.
La psychophysique. 7 fr. 50
Alf. Fouillée.
La liberté et le déterminisme. 5e édit. 7 fr. 50
Critique des systèmes de morale contemporains. 4e éd. 7 fr. 50
La morale, l'art et la religion, d'après Guyau. 4e éd. 3 fr. 75
L'avenir de la métaphysique fondée sur l'expérience. 2e édit. 5 fr.
L'évolutionnisme des idées-forces. 3e édit. 7 fr. 50
La psychologie des idées-forces. 2e édit. 2 vol. 15 fr.
Tempérament et caractère. 3e édit. 7 fr. 50
Le mouvement idéaliste. 2e éd. 7 fr. 50
Le mouvement positiviste. 2e édit. 7 fr. 50
Psychologie du peuple français. 2e édit. 7 fr. 50
La France au point de vue moral. 2e édit. 7 fr. 50
Ad. Franck.
La philosophie du droit civil. 5 fr.
G. Fulliquet.
Sur l'obligation morale. 7 fr. 50
Garofalo.
La criminologie. 4e édit. 7 fr. 50
La superstition socialiste. 5 fr.
L. Gérard-Varet.
L'ignorance et l'irréflexion. 5 fr.
E. Goblot.
La classific. des sciences. 5 fr.
A. Godfernaux.
Le sentiment et la pensée. 5 fr.
G. Gory.
L'immanence de la raison dans la connaissance sensible. 5 fr.
R. de la Grasserie.
De la psychologie des religions. 5 fr.
G. de Greef.
Le transformisme social. 2 éd. 7 fr. 50
K. Groos.
Les jeux des animaux. 7 fr. 50
Gurney, Myers et Podmore
Les hallucin. télépath. 3e éd. 7 fr. 50
Guyau.
La morale angl. cont. 6e éd. 7 fr. 50
Les problèmes de l'esthétique contemporaine. 6e éd. 5 fr.
Esquisse d'une morale sans obligation ni sanction. 5e éd. 5 fr.
L'irréligion de l'avenir. 7e éd. 7 fr. 50
L'art au point de vue sociologique. 5e éd. 7 fr. 50
Hérédité et éducation. 5e éd. 5 fr.

E. Halévy.
La form. du radicalisme philos.
I. *La jeunesse de Bentham.* 7 fr. 50
II. *Évol. de la doctr. utilitaire,* 1789-1815. 7 fr. 50
Hannequin.
L'hypoth. des atomes. 2e éd. 7 fr. 50
P. Hartenberg.
Les timides et la timidité. 5 fr.
G. Hirth.
Physiologie de l'art. 5 fr.
H. Hoffding.
Esquisse d'une psychologie fondée sur l'expérience. 2e édit. 7 fr. 50
J. Izoulet.
La cité moderne. 6e éd. 10 fr.
Paul Janet.
Les causes finales. 4e édit. 10 fr.
OEuvres phil. de Leibniz. 2e édition. 2 vol. 20 fr.
Victor Cousin et son œuvre. 3e édit. 7 fr. 50
Pierre Janet.
L'automatisme psychol. 4e éd. 7 fr. 50
J. Jaurès.
De la réalité du monde sensible. 2e édition. 7 fr. 50
Lang.
Mythes, cultes et religions. 10 fr.
A. Lalande.
La dissolution opposée à l'évolution, dans les sciences phys. et mor. 7 fr. 50
P. Lapie.
Logique de la volonté. 7 fr. 50
E. de Laveleye.
De la propriété et de ses formes primitives. 5e édit. 10 fr.
Le gouvernement dans la démocratie. 3e éd. 2 vol. 15 fr.
Gustave Le Bon.
Psych. du socialisme. 3e éd. 7 fr. 50
G. Lechalas.
Études esthétiques. 5 fr.
Lechartier.
David Hume, moraliste et sociologue. 5 fr.
Leclère.
Le droit d'affirmer. 5 fr.
F. Le Dantec.
L'unité dans l'être vivant. 7 fr. 50
X. Léon.
La philosophie de Fichte. 10 fr.
L. Lévy-Bruhl.
La philosophie de Jacobi. 5 fr.
Lettres inédites de J. Stuart Mill à Auguste Comte. 10 fr.
La philos. d'Aug. Comte. 7 fr. 50

Liard.

La science positive et la métaphysique. 4e édit. 7 fr. 50
Descartes. 2e édit. 5 fr.

H. Lichtenberger.

Richard Wagner, poète et penseur. 3e édit. 10 fr.

Lombroso.

La femme criminelle et la prostituée (en collab. avec M. Ferrero). 1 vol., avec planches. 15 fr.
Le crime polit. et les révol. (en collab. avec M. Laschi). 2 vol. 15 fr.
L'homme criminel. 3e édit. 2 vol., avec atlas. 36 fr.

G. Lyon.

L'idéalisme en Angleterre au XVIIIe siècle. 7 fr. 50

P. Malapert.

Les éléments du caractère. 5 fr.

Marion.

La solidarité morale. 5e édit. 5 fr.

Fr. Martin.

La perception extérieure et la science positive. 5 fr.

Max Muller.

Nouv. études de Mythol. 12 fr. 50

E. Naville.

La logique de l'hypothèse. 2e éd. 5 fr.
La physique moderne. 2e édit. 5 fr.
La définition de la philosophie. 5 fr.
Les philosophies négatives. 5 fr.
Le libre arbitre. 2e édition. 5 fr.

Max Nordau.

Dégénérescence. 2 v. 6e éd. 17 fr. 50
Les mensonges conventionnels de notre civilisation. 7e éd. 5 fr.

Novicow.

Les luttes entre sociétés humaines. 2e édit. 10 fr.
Les gaspillages des sociétés modernes. 2e édit. 5 fr.

H. Oldenberg.

Le Bouddha, sa vie, sa doctrine, sa communauté. 2e éd. 7 fr. 50

Ossip-Lourié.

La philosophie russe contemporaine. 5 fr.

Ouvré.

Form. lit. de la pensée grecque. 10 fr.

Fr. Paulhan.

L'activité mentale et les éléments de l'Esprit. 10 fr.
Esprits logiques et esprits faux. 7 fr. 50
Les caractères. 2e édition. 5 fr.

Payot.

L'éducation de la volonté. 16e éd. 5 fr.
De la croyance. 5 fr.

Jean Pérès.

L'art et le réel. 3 fr. 75

Bernard Perez.

Les trois premières années de l'enfant. 5e édit. 5 fr.
L'éd. mor. dès le berceau. 4e éd. 5 fr.
L'éd. intell. dès le berceau. 2e éd. 5 fr.

C. Piat.

La personne humaine. 7 fr. 50
Destinée de l'homme. 5 fr.

Picavet.

Les idéologues. 10 fr.

Piderit.

La mimique et la physiognomonie, avec 95 fig. 5 fr.

Pillon.

L'année philosophique. 12 vol. : 1890, 1891, 1892, 1894, 1895, 1896, 1897, 1898, 1899, 1900, 1901, 1902. Séparément 5 fr.

J. Pioger.

La vie et la pensée. 5 fr.
La vie sociale, la morale et le progrès. 5 fr.

Preyer.

Éléments de physiologie. 5 fr.
L'âme de l'enfant. 10 fr.

L. Proal.

Le crime et la peine. 3e éd. 10 fr.
La criminalité politique. 5 fr.
Le crime et le suicide passionnels. 10 fr.

F. Rauh.

De la méthode dans la psychologie des sentiments. 5 fr.

Récéjac.

La connaissance mystique. 5 fr.

Renard.

La méthode scientifique de l'histoire littéraire. 10 fr.

Renouvier.

Les dilem. de la métaph. pure. 5 fr.
Hist. et solut. des problèmes métaphysiques. 7 fr. 50

Th. Ribot.

L'hérédité psycholog. 5e éd. 7 fr. 50
La psychologie anglaise contemporaine. 3e éd. 7 fr. 50
La psychologie allemande contemporaine. 4e éd. 7 fr. 50
La psych. des sentim. 3e éd. 7 fr. 50
L'évolution des idées générales. 5 fr.
L'imagination créatrice. 5 fr.

Ricardou.

De l'idéal. 5 fr.

E. de Roberty

L'ancienne et la nouvelle philosophie. 7 fr. 50
La philosophie du siècle. 5 fr.

Romanes.
L'évol. ment. chez l'homme. 7 fr. 50

Émile Saigey.
Les sciences au XVIIIe siècle. La physique de Voltaire. 5 fr.

E. Sanz y Escartin.
L'individu et la réforme sociale. 7 fr. 50

Schopenhauer.
Aphorisme sur la sagesse dans la vie. 7e éd. 5 fr.
La quadruple racine du principe de la raison suffisante. 5 fr.
Le monde comme volonté et représentation. 3e éd. 3 vol. 22 fr. 50

Séailles.
Ess. sur le génie dans l'art. 2e éd. 5 fr.

Sergi.
La psychologie physiolog. 7 fr. 50

Sighele.
La foule criminelle. 2e édit. 5 fr.

Sollier.
Psychologie de l'idiot et de l'imbécile. 2e éd. 5 fr.
Le problème de la mémoire. 3 fr. 75

Souriau.
L'esthétique du mouvement. 5 fr.
La suggestion dans l'art. 5 fr.

Herbert Spencer.
Les premiers principes. 9e éd. 10 fr.
Principes de psychologie. 2 vol. 20 fr.
Princip. de biologie. 4e éd. 2 v. 20 fr.
Princip. de sociol. 4 vol. 36 fr. 25
Essais sur le progrès. 5e éd. 7 fr. 50
Essais de politique. 4e éd. 7 fr. 50
Essais scientifiques. 3e éd. 7 fr. 50
De l'éducation physique, intellectuelle et morale. 10e édit. 5 fr.

Stein.
La question sociale au point de vue philosophique. 10 fr.

Stuart Mill.
Mes mémoires. 3e éd. 5 fr.
Système de logique déductive et inductive. 4e édit. 2 vol. 20 fr.
Essais sur la Religion. 4e édit. 5 fr.

James Sully.
Le pessimisme. 2e éd. 7 fr. 50
Études sur l'enfance. 10 fr.

G. Tarde.
La logique sociale. 2e édit. 7 fr. 50
Les lois de l'imitation. 3e éd. 7 fr. 50
L'opposition universelle. 7 fr. 50
L'opinion et la foule. 5 fr.
Psychologie économique. 2 vol. 15 fr.

P.-Félix Thomas.
L'éduc. des sentiments. 2e éd. 5 fr.

Thouverez.
Réalisme métaphysique. 5 fr.

Et. Vacherot.
Essais de philosophie critique. 7 fr. 50
La religion. 7 fr. 50

Derniers volumes publiés :

A. Cresson.
La morale de la raison théorique. 5 fr.

Alf. Fouillée.
Esquisse psychologique des peuples européens. 10 fr.
Nietzsche et l'immoralisme. 5 fr.

E. Gley.
Études de psycho-physiologie. 5 fr.

S. Karppe.
Essais de critique et d'histoire de philosophie. 3 fr. 75

F. Le Dantec.
Les limites du connaissable. La vie et les phénomènes naturels. 3 fr. 75

L. Lévy-Bruhl.
La morale et la science des mœurs. 5 fr.

Max Nordau.
Vus du dehors. Essais de critique sur quelques auteurs français contemporains. 5 fr.

H. Oldenberg.
La religion du Véda. 10 fr.

F. Rauh.
L'expérience morale. 3 fr. 75

Renouvier.
Le personnalisme, suivi d'une étude sur la perception externe et sur la force. 10 fr.

Ch. Ribéry.
Essai de classification naturelle des caractères. 3 fr. 75

G. Richard.
L'idée d'évolution dans la nature et dans l'histoire. 7 fr. 50

A. Sabatier.
Essais philosophiques d'un naturaliste. 7 fr. 50

G. Saint-Paul.
Le langage intérieur et la fonction endophasique. 5 fr.

Em. Tardieu.
L'ennui. 5 fr.

L. Weber.
Vers le positivisme absolu par l'idéalisme. 7 fr. 50

Coulommiers. — Imp. PAUL BRODARD. — 4-03.

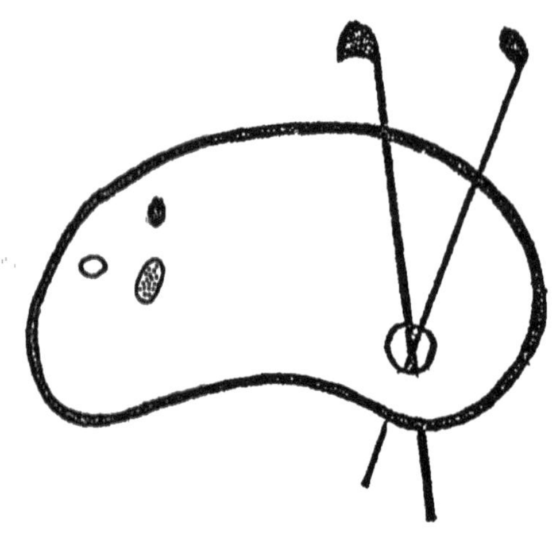

www.ingramcontent.com/pod-product-compliance
Ingram Content Group UK Ltd.
Pitfield, Milton Keynes, MK11 3LW, UK
UKHW021055230726
13926UKWH00004B/1858

9 782016 116456